LAW
COMMON
SENSE

实用版

法律行为百科全书

债务纠纷与诉讼法律常识

平嘉昕◎编著

使人们能够迅速地掌握有关证据的常识和技巧

债务纠纷与诉讼法律常识为您解读不同的债务纠纷，为您提供方便之门。

中国农业出版社

一本让你彻底了解债的含义的读物；
一本让你真正知道债务纠纷处理方法的工具书。

图书在版编目(CIP)数据

债务纠纷与诉讼法律常识 / 平嘉昕编著. —北京：中国农业出版社，2014.12（2024.9 重印）
ISBN 978-7-109-19595-0

Ⅰ.①债… Ⅱ.①平… Ⅲ.①债务-经济纠纷-民事诉讼-基本知识-中国 Ⅳ.①D925.1

中国版本图书馆 CIP 数据核字(2014)第 217193 号

中国农业出版社出版
（北京市朝阳区麦子店街 18 号楼）
（邮政编码 100125）
责任编辑 刘 玮

北京万友印刷有限公司印刷 新华书店北京发行所发行
2015 年 9 月第 1 版 2024 年 9 月北京第 2 次印刷

开本:910mm×1280mm 1/32 印张:7
字数:200 千字
定价:49.80 元

Preface

前　言

现在是市场经济时代，是法制建设日益健全的时代，“学好数理化，走遍全天下”的时代已成过去。随着市场经济的发展，人与人之间的经济活动日益频繁，经济纠纷也随之日益增多，尤其是债权债务纠纷。倘若你只懂数理化而不懂法，你就不知该如何与人签合同，有了纠纷也不知该如何处理。因此，不懂得运用法律武器来维护自己的合法权益，在当今这个社会肯定是行不通的。

而债权债务纠纷主要是因为没有书面合同、合同约定不明、债务人不履行合同义务、债权人不及时主张权利、债权或债务转让不符合相关法律规定等原因而产生的。特别是在农村，人们由于法律意识淡薄，又加上重情义、轻契约，因此在设立、变更或终止债权债务法律关系时，所采取的民事行为就不会符合民事法律行为的有效要件，从而导致债权债务纠纷的发生。产生了纠纷，就要解决纠纷，这就免不了要打官司。而干什么事情都得有一定的程序、步骤，打官司也不例外。生活中有些事情违反了正常程序，做错了，可以重做；但打官司是个严肃的问题，不允许拿当事人的合法权益当儿戏。因此，为了提高人们的法律意识，帮助人们更准确地了解与掌握债权债务以及诉讼方面的法律常识，从而规范设立、变更或终止债权债务法律关系的民事法律行为，预防和减少债权债务纠纷的发生，我们特意编写了《债务纠纷与诉讼法律常识》这本书。

本书不仅对债权债务的相关基础知识进行了阐述，还精选了与相关知识相配套的“经典案例”以及案例分析——“律师在线”，同时还配有纠纷解决常用的有效法律依据。相信这本书会为广大读者朋友了解相关法律规定和应用知识带来方便，也会为正在或准备打官司的人提供一定的帮助。

由于编者水平有限，本书难免会有疏漏和不当之处，敬请广大读者批评指正。

Contents

目录

第一章 债的基本理论

第一节 债的概念

债,是指特定当事人之间的一种民事法律关系,即特定当事人之间请求为一定行为或不为一定行为的法律关系。债的法律关系从权利方面而言,称为债权关系,从义务方面而言,称为债务关系。在债的法律关系中,享有权利的一方当事人为债权人,享有要求债务人为特定的行为或不为特定的行为的权利;负有义务的一方当事人为债务人,负有满足债权人要求的义务。债权人享有的权利称为债权,债务人负担的义务称为债务。

我国《民法通则》第八十四条规定:“债是按照合同的约定或者依照法律的规定,在当事人之间产生的特定的权利和义务关系。”

第二节 债的本质

有学者认为债的本质的核心观点是:在债的关系中,存在着紧密联系的各种关系,有债权人角度的关系,也有债务人角度的关系,但比较起来,归根结底作为本质构成的,不是债权或者请求,而是债务或者履行。

从债权人的角度看,债的存在,无疑意味着债权人的利益尚未满足,即价值尚未实现。而当债权人的利益得以满足之时,其实也即意味着债权业已消灭,故债权对于债权人来讲,并非是一种既得利益,而是一种期待利益。

因此,债无非是商品交换的最一般的法律形式在法学理论上的高度抽象。就连公司也被看作是由各个参与方共同构成的关系合同,所以股东按个人意愿进行表决而最终形成的股东大会决议,一旦与股东各方的合理利益均衡相符,即上升为公司自身的意思表示。

合同作为债的典型表现形式,其本质无非就是特定的当事人之间的特定的权利义务关系。其中,特定的债权人可以请求特定的债务人为某种特定的行为,如该债务人违反其义务,则其应根据法律或合同的规定承担某种不利后果。

第三节　债的法律特征

债权的法律特征是通过与物权的比较得以彰显的。因此,在论及债权的法律特征时,我们就需要比较债权与物权的法律特征。

1.债权是“请求权”而物权是“支配权”

请求权与支配权的区分是从权利实现的角度来进行划分的。

请求权是指权利人可以请求相对人为或不为一定行为的权利。这意味着请求权的权利人要实现其利益,就必须借助于义务人的行为,通过义务人的履行来间接地实现其利益。支配权则是权利人以自己行为直接支配权利客体的权利。即支配权人无须借助他人的行为就可以独立自主地实现其权利。

债的内容表现为债权人可以要求债务人为或不为一定行为从而实现其利益,债权人只能通过请求债务人为特定行为,如履行债务、交付标的物等方式来实现其利益。因此,在法律上把债权归入“请求权”一类。

而通说认为,物权是指直接支配特定物并排除他人非法干涉的权利。因此,物权就是一种支配权,是指物权人依自己意思管领物无须借助他人行为,即直接支配物并排除他人干涉的一种权利。

财产权的两大支柱就是物权和债权。债权与物权在性质上是有很大不同的,二者之间的不同首先是由其拥有不同的客体造成的。物权的客体是物,也可以是权利,物具有实在性和确定性。而行为是债权的客体,且一旦完成该行为,债权就消灭了,因此,债权的客体指的是一种未来行为,具有“未来性”。而究竟这种未来的行为能否完成,依赖于债务人,因此,对债权人来说,这种行为又具有不确定性。

债权是一种请求权,是由债权客体的这种未来性和不确定性决定的,并且债权与物权在内容和效力上的区别也是这个原因。

2.债权是“对人权”而物权是“对世权”

对人权与对世权的划分是以义务主体的范围为依据的。对人权是以特定的人为义务主体的,而对世权是以不特定的人为义务主体的。

债权是特定的债权人对特定的义务人所享有的一种权利,其主体是特定的,特定的债权人只能依照合同的约定或法律规定向特定的债务人行使请求权,这种权利不能向债务人以外的第三人主张,因而债权被称为“对人权”。但这里所说的对人权,绝不意味着对债务人人身的支配权。

物权是不借助于他人的意思即可实现的权利。除了不能违反法律的强行规定外,物权人可以完全依照自己的意愿来实现自己的权利,并且可以排除他人的非法干涉,即物权人可以完全对抗他自身外的任何人,物权人外的任何人均负有不得妨害、侵害其权利的义务,物权的效力是可以向任何人主张的,因此,我们说物权是“对世权”。

但同时还要注意的是，债权同样具有不可侵害性。债权虽然是对特定人的权利，但并不意味着第三人可以随意对债权进行侵害。若第三人故意以违反法律和公序良俗的方式侵害债权，那么因为该行为造成的相应的侵权责任也应该由第三人自己来承担。

3.债权具有相容性而物权具有排他性

相容性是指同一个标的物上可以同时成立两个或两个以上内容相同的权利，它们之间互相包容而不相互排斥。排他性则与相容性相反，指同一个标的物上不可以同时成立两个或两个以上内容相同的权利，它们之间是相互排斥的。

债权具有相容性，在同一个标的物上可以同时成立两个或两个以上内容相同的债权，各债权平等，均不具有排他效力和优先效力；而物权基于其支配性，其具有排他效力，排他效力表现在同一物上不能有内容相同的两种物权存在。

4.就设定而言，债权具有任意性而物权具有法定性

债权设定的任意性主要是针对合同之债而言，这是指可以由特定合同的当事人自由决定彼此之间的债权债务关系。法律关于合同的规定多数是任意性规定，可由合同的当事人协议排除。但是债权设定的任意性不得与法律的禁止性规定和公序良俗相冲突。

债权的任意性主要是指债权的设立具有任意性，在法律不予以禁止、不违背公序良俗的条件下，经当事人协商，可任意创设债权，约定其权利义务关系。

而设定物权所奉行的原则正好与设定债权的原则相反。由于物权是一种对世权，其义务人是除物权人外的所有人，该种权利的行使直接关系他人和社会利益，所以物权的设定实行法定主义。物权设定的法定主义是指物权的种类、权能、变动方式都由法律规定，禁止个人创设法律没有规定的物权。

第四节　债的构成要素

债的构成要素，是指构成债不可缺少的组成部分，否则就不能成为债。债作为一种法律关系，包括主体、内容与客体三个构成要素。

>>债的主体

债的主体即债的当事人，包括债权人与债务人。债权人是在债的关系中享有权利的一方当事人；债务人是在债务关系中负担义务的一方当事人。

债权人与债务人为债的双方主体，每一方主体，都既可为一人，也可为多人。在某些债中，债的一方当事人仅享受权利，另一方当事人仅负有义务，而在另一些债中，当事人双方互享有权利和负有义务，每一方当事人都既充任债权人，又充任债务人。例如，在买卖关系中，出卖人一方负有交付标的物并移转所有权的义务，买受人负有支付价金的义务。从标的物的交付与所有权移转上说，买受人是债权人，出卖人为债务人；而从价款支付上说，出卖人为债权人，买受人为债务人。此种双方互负有为特定行为的义务的债，称之为对待债。但不论何种债，主体双方均须为特定的人。

>>债的内容

一般认为，债的主体双方间的权利与义务，即债权人享有的权利和债务人负担的义务共同构成债的内容。债作为一种法律关系，必须包括债权与债务。债是债权与债务的统一体，在债的关系中，债权与债务是互相依存的两个方面。

（一）债权

1.债权的概念

债权为债权人享有的请求债务人为特定行为的权利。债权具有三项权能：一是给付请求权，即债的关系成立后，债权人有请求债务人实行给付的权利。二是给付受领权，即债务人依约定或法律的规定履行债务时，债权人有权予以接受，并保持所得利益。三是保护请求权，即当债务人不履行债务时，债权人可依此权能请求司法保护。债权的这三项权能自债权实现的角度而言，给付请求权具有形式上的意义，给付受领权具有最终的实质性意义，而债权的保护请求权则是债权人借助于国家强制力实现债权的法律途径和方式。此外，债权实现从广义而言，还包括对债权的处分权能，即抵销、免除、债权让与、权利质押等。

2.债权的特性

（1）债权为请求权。债即为特定当事人间的请求为特定行为的关系，债权即为债权人得向债务人请求其为特定行为的权利。债务人为特定行为称为给付。债权者，乃将债务人之给付归属于债权人，使其得受领债务人之给付，债权人亦因而得向债务人请求给付。债权人取得其利益，只能通过请求债务人给付来完成。

（2）债权为相对权。债的主体的特定性，债权债务仅存在于特定人之间。因而债权人只能向特定的债务人主张权利，即请求特定债务人为给付。正是就此意义上说，债权为相对权。

债权虽为相对权，而权利都受法律保护，任何人都负有不得为侵害的消极义务，债权也不能例外。因此，在第三人不法侵害债权时，也应负侵权的民事责任。

（3）债权的设立具有任意性。债依其发生的原因有意定之债与法定之债之分。意定之债是由当事人的意思决定的，并且法律不会因当事人自行设定的债的关系法律上没有明确规定而不承认其效力。这也是由契约自由原则所决定的。

（4）债权具有平等性。数个债权人对于同一债务人先后发生数个债权时，各个债权具有同等的效力。也正因为债权具有平等性，在债务人破产时，债务人的各个债权人不论其债权发生先后只能按其比例参加破产财产的分配。

（5）债权无排他性。因债权为请求权，而非支配权，债权人只能请求债务人为特定行为，而不能直接支配债务人的行为与标的物，因此，债权并无排他性。

（6）债权具有相容性。债权为请求权，具有相容性，在同一标的物之上，允许存在两个内容相同的数个债权，此数个债权之间能够互容而非相互排斥。二重买卖就是典型的例子，虽然最终只能有一个债权得到实现，但其他的债权并不因此无效，只不过不能履行而转化为违约金请求权或者损害赔偿请求权。

（二）债务

1.债务的概念

债务指债权人向债务人提供资金，以获得利息及债务人承诺在未来某一约定日期偿还这些资金。债务包括给付义务、附随义务、先合同义务和后合同义务。给付义务包括主给付义务与从给付义务。

2.债务的特性

债务既为一种义务，当然具有义务的一般特性，同时债务又具有不同于其他义务的一些特性。

（1）债务具有特定性。债务的特定性一方面表现为义务人是特定的，另一方面表现为义务的内容是特定的。在任何债中，债务人总是特定的，债务人应为的行为的内容也是特定的。例如，债务人应交付货物的，其所应交付的货物的数量、质量等都是明确的。

（2）债务具有积极性。债务为特定债务人应为的特定行为。有的认为，债务人的行为可以是作为，也可是不作为；有的认为，债务人的行为只能是作为。尽管通说认为，债务为债务人负担的应为作为或不作为的特定行为，但实质上，债务一般只能是债务人应为的特定的积极行为即作为，而不能是消极行为。消极行为只能是债务的附随义务。

>>债的客体

债的客体，是指债权债务共同指向的对象。没有客体，债权债务也就会落空，也就不能构成债。在债的客体上有不同的见解，但总的来说，虽然债权人是为满足自己的某种利益需要而设立债的，但债权人自己并不能直接支配这种利益的载体（如货物、劳务等），须通过债务人为特定行为才能达到满足自己利益需要的目的，因此，债权债务共同指向的是债务人应为的特定行为。也就是说，债的客体为债务人应为的特定行为即给付。

（一）给付的概念及要件

1.给付的概念

给付，即债权债务所共同指向的对象。我国债法理论上的客体，在德国民法称为内容，在日本民法称为目的。

债权为请求权，债权人的请求权是针对于债务人的特定的行为行使的，债务人的义务也正是此特定的行为，此债权人得为请求及债务人所应实行的行为即为给付。在不当得利之债中，给付是不当得利人应返还不当得利的行为；在无因管理之债中，给付是本人应偿付管理人在管理活动中支出的必要费用；而在合同之债中，由于合同的双方当事人常常互为债权人和债务人，双方当事人的行为都为给付。当然，给付在某些情况下，也可以是不作为，即不为一定的行为，如债务人不得泄漏技术秘密等。

给付与通常所说的履行、清偿不同。给付是从静态的角度，对债权债务关系所赖以存在的基础进行说明，而履行是从动态的角度，对债的效力和债的消灭的过程进行描述；给付是债的客体，是对债务人的行为的抽象，它概括了债务人的交付财物、支付金钱、提供服务等履行债务的不同形态，债务人的具体行为如何，在所不问，而履行和清偿则是针对债务人的具体行为而言的，如果不确定债的内容，则债务人的债务就无法履行，就不可能因清偿而使债的关系消灭。可以说，履行是针对债的效力而言的，清偿是针对债的消灭而言的，给付是针对债的标的或客体而言的。

2.给付的要件

债的标的可以依法律规定，也可以依当事人的意思而自由设定。

债的关系由当事人协商确定时,给付须具备以下条件:

(1)适法。给付行为必须合法,或者至少不为法律所禁止。给付行为违反法律的强行性规定时,则在当事人之间不可能发生债权债务关系,如私自买卖金银,债的关系并不产生,也自然不发生法律效力;当给付行为违反社会公序良俗时,由于民事行为不得违反社会公德和社会公共利益,因而也为无效。

(2)确定。作为债的标的给付如果不能确定,则债权债务关系无法确定,债将无法实现,因此给付须为确定。关于给付确定的时间,可以在债成立时确定,也可以在债成立后确定。在债成立后确定的,债的成立时应有给付的确定标准或确定方法,从而使得给付于债务履行时能够确定。

(3)适格。即依事务的性质,适合于作为债的标的。首先,作为债的标的给付,须具有法律意义,宗教上的事物以及单纯社交上的事务不得作为债的标的;其次,给付还须为私法上的事务,公法上的事务,如选举为行政行为等,均不得作为债的标的。

(二)给付的形态

在不同的债的关系中,给付具有不同的内容和表现方式。给付的形态,主要有以下几种:

1.交付财物

交付财物是给付的最常见的给付方式。在买卖、租赁、保管、融资租赁等合同中,以及不当得利返还、侵犯财产所有权时的所有物返还等,都是以交付财物作为给付的形态的。

2.支付金钱

支付金钱也是比较常见的给付形态。金钱作为一般等价物,在支付价金、报酬、支付损害赔偿金、违约金等情形下经常适用。

3.移转权利

移转权利,广义上包括所有权、债权、知识产权、他物权、股权等权利,由于转移标的物的所有权已为交付财物、支付金钱所包容,因而这里的移转权利,仅指不伴随物而单独作为转移对象的权利,即债权、知识产权、他物权、股权等。债权的转移，主要是通过债权让与的行为为之；知识产权的转移，主要是通过许可使用合同为之；他物权、股权的转移也主要是依债权人与债务人达成合意而为之。当法律对某些权利的让与有特别规定时，应依法律的规定办理。

4.提供劳务

提供劳务是指债务人以自己的劳作、服务供债权人消费。如雇用合同、委任合同、运输合同、技术服务、技术咨询合同等，都是以提供劳务作为给付形态的。

劳务的提供与债务人的人身不可分割，因而现代各国民法对以人身奴役性劳务作为债的标的的行为是禁止的；对于有违社会公序良俗的劳务提供，也在禁止之列。为保障债务人的人身自由，各国法律通常规定雇用合同不得无期限地存在。

5.提交成果

提交成果是债务人以自己的劳动、技术、智能等为债权人完成一定的工作，并将成果交与债权人。如承揽合同、技术开发合同等。提交成果与提供劳务不同，提交成果侧重于债务人向债权人提交工作成果，而提供劳务则只要求债务人向债权人提供单纯的服务或劳作。如果给付的形态为提交成果，则即使债务人付出了劳动，但没有工作成果，也构成债务不履行，也应承担债务不履行的法律后果。

6.不作为

不作为是指不为特定的行为。不作为包括单纯的不作为与容忍。单纯的不作为，如不为营业性竞争、不泄漏技术秘密或商业秘密等；容忍，一如承租人容忍出租人对租赁物进行维修等。

第五节 你问我答

问:什么是债务官司?打债务官司是否属于民事诉讼?

答:人们常说的"打官司",即指诉讼。"打官司"是"诉讼"一词的俗称,而"诉讼"则是法律上的专门术语。诉讼是指当国家、公民、法人或者其他组织的合法权益受到侵害时,由依法享有起诉权的国家机关或者其他当事人向国家司法机关提出控告,由国家司法机关在当事人和其他诉讼参与人的参加下,依照法定程序对争议的案件进行审理和裁判的专门活动。在社会生活中,人与人之间不可避免地产生一定的纠纷,一旦这种纠纷达到一定的程度,"诉讼"就会出现,即出现"打官司"的现象。"官司"从性质上分,主要分为刑事、民事和行政三种。

民事官司即民事诉讼,是指当事人之间因民事权益矛盾或者经济利益冲突,向人民法院提起诉讼,人民法院在双方当事人和其他诉讼参与人参加下审理和解决民事案件的活动。这种活动必须依照《民事诉讼法》进行。常见的民事官司主要有:公民之间、公民与法人之间因财产权而发生的纠纷;公民之间因买卖、租赁、借贷、赠与、典当等合同行为而发生的纠纷以及继承遗产所引起的纠纷;因不当得利、无因管理等所产生的债务纠纷以及损坏财产引起的赔偿纠纷;因人身权利引起的纠纷,主要指侵害公民健康权、姓名权、名誉权、荣誉权和肖像权所引起的纠纷;因侵害公民的发明权(专利权)、著作权(版权)而引起的纠纷;婚姻家庭引起的纠纷,主要有离婚以及因离婚引起的财产分割、子女抚养方面的纠纷,家庭成员间的赡养、抚养、扶养等纠纷;因经济合同、企业劳动用工、企业承包、土地承包、相邻权等引起的纠纷;法律规定的或最高人民法院司法解释文件规定的应由人民法院受理的其他民事诉讼案件。

本书所称的债务官司，是指因买卖、借款、加工承揽等合同行为发生债务纠纷而起诉到法院的情况。通过上述内容可以看出，打债务官司属于民事诉讼范畴，也可以说，打债务官司也就是打民事官司。

问：哪些债权债务纠纷比较常见？

答：常见的债权债务纠纷主要包括以下各类纠纷：借贷纠纷、买卖纠纷、抵押纠纷、承揽加工纠纷、代购代销纠纷、拖欠贷款纠纷、追索劳动报酬纠纷、追还不当得利纠纷、追还定金纠纷、无因管理索赔纠纷等。实践中，因借贷合同、买卖合同引发债权债务纠纷的居多。

问：有些人明明有理，却为什么打不赢债务官司？

答：在司法审判实践中发现，很多人在官司中明明有理，但却因为缺乏打官司的基本常识，导致在诉讼中不懂得保护自己的权益，从而成为“败诉者”，输掉了债务官司。由于当事人不知法、不懂法造成债务官司的“败诉”的情况是多种多样的，比如，有些当事人不知道有权向法庭申请传唤关键证人到庭，不知道怎样举证，从而导致败诉；或者不懂得诉讼时效，在诉讼时效期间内未及时起诉，从而失去胜诉权；再或者盲目诉讼，导致支出的成本大于收回的利益，等等，这些所谓的“败诉”比比皆是。为什么他们会“败诉”？说到底，就是因为他们不掌握诉讼的最基本常识，说不到、做不到“点子”上，结果误了大事。因此，要多学习诉讼常识，提高诉讼能力，才能使自己在打官司过程中立于不败之地。

问：到法院打债务官司有什么优点？

答：解决债务纠纷的途径有很多种，当事人可以通过和解、仲裁等方式解决，也可以直接到法院提起诉讼。到法院起诉，即到法院打债务官司，有许多其他方式所不具备的优点。优点主要在于：法院解决纠纷是最终的解决方式，法院判决具备强制执行力，法院判决更具公正性和权威性。而其他解决纠纷的方式，比如，协商和解，当事人履行与否，全凭当事人的自觉，其他任何组织和个人都不能进行强制，如果当事人不能自觉履行，那么，先前的和解工作就等于白做了。再如仲裁裁决，如果当事人不履行，也要向法院申请执行。因此，到法院打债务官司有一定的优越性。

问:在哪些情况下,适合选择通过打官司来解决纠纷?

答:到法院打官司这一方法并不适合解决所有的纠纷。一般来讲,对于争议的标的较大,既有证据又有充分的法律依据的案件,可以考虑到法院诉讼。此外,如果有诉讼时间,通过诉讼不但对打赢官司有充分的把握而且能够执行,并且取得的收益比诉讼成本大的情况下,可以考虑通过打官司最终解决纠纷。

问:如何降低债务官司败诉的风险?

答:降低败诉风险要讲求打官司的经济效益。所谓打官司的经济效益,就是指不但要胜诉,而且可能得到的实际利益也要充分考虑到。例如,一个人到法院起诉,要求欠款人将拖欠1000元借款迅速偿还,但是,因为各种原因,可能最后得到的实际利益还不到1000元,这样的官司,即使胜诉,从经济利益上讲,还是“赔了本”。所以说,对当事人而言,应当尽可能在人力、物力、财力、时间等诉讼成本花费较少的情况下打赢官司。更重要的是,要使判决书或调解书得以执行,使判决书、调解书的内容化为具体的钱或物,并且要使最后得到的赔偿大于支出,这样的胜诉才算真正的胜诉。

问:赢了官司却赔了钱的现象该怎样避免?

答:正如我们上面所说,很多人打赢了债务官司,但却算不上真正的胜诉。为什么?就是因为他们虽然官司是打赢了,但最后的结果却是赔了钱。例如,败诉的一方已经破产,没有办法履行判决书里的赔偿,即使胜诉方手中有一纸判决,但判决该给的钱却根本要不回来,胜诉方只能望“判决”而兴叹。更何况,打官司过程中还花了不少律师费、诉讼费、交通费,这样一来,胜诉方何谈“胜诉”?虽然谁也不愿看到这样的情况发生,但从司法实践来看,却有很多这样的例子。因而,不得不对那些想要打官司的人劝一句,在打官司前一定要对可能得到的经济利益计算一下,如果极有可能赔钱,这样的官司还是不打为妙。

第二章 债的分类

第一节 意定之债与法定之债

>>意定之债与法定之债的概述

按债的设定及内容是否允许当事人以自由意思决定，债可以分为意定之债与法定之债。

意定之债，是指债的发生及内容由当事人依其自由意思决定的债，如合同之债。法定之债，是指债的发生及内容均由法律予以规定的债，如侵权行为、无因管理和不当得利之债。

区分的意义：前者贯彻意思自治原则，在债的客体、内容及债务不履行的责任等方面均可由当事人约定；而在后者，债的发生及效力均由法律规定。

>>经典案例

1999年，甲区法院委托乙拍卖行对面积88.15米^{2}被执行的财产门面房进行拍卖，保留价1600元/米^2，即总价格为141040元。拍卖行接受委托后，印制了竞买须知和拍卖规则及拍卖品目录，其中竞买须知规定：竞买人参加竞买只需领取竞买牌即可；拍卖成交后，买受人应当在成交确认书上签字。拍卖规则规定,拍卖成交后,双方不得反悔,否则违约方应向对方支付总成交额20%的违约金,并赔偿经济损失。乙拍卖行于1999年2月4日按期举行拍卖会。

张某、冉某在取得竞买牌,并交纳保证金20000元后参加拍卖会。拍卖会上,冉某与张某商量后共同竞买系争门面房。拍卖师在对该房进行拍卖时,没有说过该房有保留价一事。拍卖师叫价后,由张某举牌应价。当应至106000元时,未有人再竞买,拍卖师便击槌成交,并且要张某和冉某当场在确认书上签了名。第二天,张某和冉某来到乙拍卖行,准备交款,遭到拒收。后张某和冉某二人多次找乙拍卖行协商,乙拍卖行既不收房款,也不交付成交的房屋,反而在另一次拍卖中将该房又拍卖给他人。后乙拍卖行退还了张某和冉某交纳的20000元保证金。

后张某和冉某向法院提起诉讼,要求被告支付总成交价20%的违约金21200元。

被告拍卖行答辩称:工作人员在对成交确认书进行办理时,发现张某、冉某连竞买资格都没有,且拍卖物竞价与委托人的保留价相差甚远,所以才没有承认。因此,成交确认书虽已签字,但拍卖合同未成立,我方不存在违约的问题,故要求将原告的诉讼请求驳回。

法院经审理后认为:原告张某和冉某分别持有拍卖行所发的竞买牌参加拍卖会,应视为原告二人具有竞买人资格。在拍卖会上,原告张某对该门面房应价时,被告拍卖师以10600元落槌成交,并且连成交确认书都当场签署了,该确认书是双方真实意思一致的表示,合法有效。

二原告向被告按成交价交付房款,被告拒收,应视为二原告对自己的交款义务予以履行。被告不收房款也不能交付房屋,该行为应属违约行为,故被告应向原告方承担违约责任。根据《民法通则》第一百零六条第一款和《拍卖法》第四十条的规定,判决如下:被告拍卖行向二原告张某和冉某支付21200元违约金。

>>律师在线

本案的关键在于拍卖行对房屋的拍卖行为是否合法有效。

我国《拍卖法》第五十条规定:拍卖标的无保留价的,拍卖师应当在拍卖前予以说明;拍卖标的有保留价的,竞买人的最高应价未达到保留价时,该应价不发生效力,拍卖师应当停止拍卖标的拍卖。

应当注意的是,这里规定的"拍卖标的无保留价的,拍卖师应当在拍卖前予以说明"等均是拍卖师的义务,而并非竞买人的义务。虽然竞买人在理论上应当知道拍卖物有保留价,但其不可能知道该保留价的具体价位。毕竟是由拍卖人来执行保留价的,也就是说只要拍卖师不宣布停止拍卖,就意味着竞买人应价就已超过保留价;或者拍卖师对竞买人之应价落槌拍定,就可以理解该应价为超过保留价之应价。

在拍卖人落槌时,要约就是竞买人的要价,拍卖人的落槌即视为承诺,此时拍定价就应为成交价,该拍定行为就是拍卖合同成立的意思表示。竞买人与拍卖人是基于双方的自由意思而成立的意定之债而签订的拍卖合同,因此,除竞买人与拍卖人有串通外,竞买人之应价被拍卖师落槌拍定的,竞买人之行为就是善意行为,应当受到法律保护。

第二节　主债与从债

>>主债与从债的概述

在存在从属关系的两个债中,根据其不同地位,可分为主债和从债。主债,是指能够独立存在,不以其他债的存在为前提的债。从债,是指不能独立存在,必须以主债的存在为存在前提的债。主债和从债是相互对应的,没有主债不发生从债,没有从债也无所谓主债。主债与从债之分常见于设有担保的债中，被担保的债为主债，为担保该债而设之债（如保证合同、抵押合同之债）为从债。

>>经典案例

甲公司以自己的名义先后于1989年12月1日、10日，把两份“集装箱出口货物明细单”提交给了乙公司，并加盖了本公司“出口货物明细单专用章”，请求乙公司将两箱文件架由戊己港运往美国芝加哥港。明细单载明，交给丙公司提单后，向丙公司收取运费。双方约定共需10236.26美元的运费。乙公司于是为该批货物在“庚辛”号货轮上订舱，并给丙公司提交了两份由其签发的运费预付提单。12月18日，丙公司向乙公司出具“保函”称：“我司委托贵司运输的办公用品至美国，在我司项下的托单所发生的运输费及其他应付费用均由我司承付”。

货物发出去后，丙公司一直没有支付运费。乙公司于1990年4月9日，向丙公司托收运费，遭其拒付；乙公司转向甲公司索取运费，该公司以“该批货物并不是本公司托运，且丙公司已出保函认付，不应由我公司承担运费”为理由拒付。乙公司于是向海事法院起诉，请求二被告立即将之前约定的该项运输的10236.26美元运费偿付。

海事法院认为：甲公司向乙公司提出的“出口货物明细单”和乙公司签发的提单构成的运输合同，及丙公司出具的“保函”均为有效。作为本次运输的托运人的甲公司，未及时承付运费，应承担违约责任；作为托运方的担保人的丙公司应承担保证责任。

根据《经济合同法》第六条、第十五条规定判决：被告甲公司偿付原告乙公司10236.26美元的运费；被告丙公司承担连带责任。

>>律师在线

在本案审理中，应首先将谁是债务人确定，也就是确定这批货物运输的运费应该由谁承付。从本案的证据看，原告签发的提单为预付运费提单，因而应由托运人支付运费；而被告甲公司是以自己的名义向原告乙公司办理的托运手续，且对受丙公司委托“代办托运”一事并未申明，由此不能证明甲公司和丙公司二者之间有代办托运委托关系存在，因而应认定甲公司是托运人，而不是丙公司。

至于保函的性质，运输合同的“第三人”丙公司向债权人乙公司保证履行运输合同义务即支付运费，与债的担保意义上的保证的特征相符，故应承担对债务人甲公司所承担的债务连带责任。

从该案即可看出甲公司与乙公司之间的债为主债，而乙公司与丙公司订立的保证合同为从属于主债的从债。

第三节　财物之债与劳务之债

>>财物之债与劳务之债的概述

根据债务人履行债务的内容，债可分为财物之债与劳务之债。

财物之债，是指债务人应以给付一定财物履行债务的债。如债务人履行债务是向债权人交付一定的财物，移转一定的财产权利给债权人，如买卖合同之债。

劳务之债，是指债务人须以提供一定劳务履行债务的债。劳务之债的债务人须向债权人提供一定的劳务，如委托合同之债。这种劳务可以是有物化结果的，也可以是没有一定物化结果的行为。

有物化结果的劳务之债与财物之债相似，但二者不同。在前者，债权人需要的是体现特定债务人劳务的工作成果，而不是一般的财物。劳务之债因债权人所需要的是特定债务人的劳务或体现债务人劳务的工作成果，因此，除法律另有规定或者当事人另有约定外，债务人不得让第三人代替履行债务。在债务人不履行债务时，债权人一般也不能请求强制债务人履行，而只能请求债务人赔偿损失。

对二者进行区别的意义在于，当债务人对债务不予以履行时，可强制履行财物债务，而不得强制履行劳务债务。

>>经典案例

1995年12月，某出租车公司的一辆出租车，因大梁有裂缝需进行焊接，由驾驶员赵某驾驶至汽修厂修理，当时由于焊工较忙，驾驶员赵某与该厂修理工张某约定晚上来修理。当晚7时，赵某又驾该车至汽修厂处，与张某在未办理任何修车手续的情况下，私下谈妥修理费人民币150元。由于张某无电焊工操作证，在对该车进行电焊修理时违章操作，致使发生火灾，出租车被烧毁。双方多次协商车辆被烧毁的经济损失问题，都没有达成统一意见，出租车公司遂向法院提起诉讼，要求张某和汽修厂赔偿经济损失人民币93567元。

法院经过审理判决修理厂、张某和赵某都应对事故的发生承担相应的责任。其中主要的责任由张某承担，赔偿26796.12元，汽修厂15000元。判决生效履行期届满后，两被告未偿付。出租车公司于是向区法院申请执行。被执行人汽修厂按判决履行了其应承担的部分，被执行人张某由于失去经济来源，没有偿还的能力。后来，鉴于张某会修理汽车，申请人单位急需修理车辆的人员，双方达成和解协议：张某以劳务抵偿债务。

>>律师在线

本案当事人之间发生的法律关系是一种财产关系。即出租车公司与张某之间的债是财物之债，但是由于张某没有履行能力，于是由双方协商，变更他们之间的财物之债为劳务之债。《中华人民共和国民事诉讼法》第二百一十一条第一款规定："在执行中，双方当事人自行和解达成协议的，执行员应当将协议内容记入笔录，由双方当事人签名或者盖章。"在执行程序中，当事人达成的协议只要不违反国家法律规定，不侵犯国家、集体或他人的利益，都可以得到认可。所以出租车公司和张某之间的协议是可以成立的。由此也可说明在一定的条件下，财物之债和劳务之债是可以互相转换的。

第四节 单一之债与多数人之债

>>单一之债与多数人之债的概述

债的任何一方主体都既可以是单数的一人,也可以是复数的多人。根据债的主体人数进行划分,可以将债分为单一之债和多数人之债。

单一之债,是指债权主体一方和债务主体一方都仅为一人的债。多数人之债,是指债权主体和债务主体至少有一方为二人以上的债。在单一之债中,只有两个当事人;而在多数人之债中,因为债的一方至少为二人以上,不仅存在着债的各方之间的债权、债务关系,而且还存在多数人一方内部之间各当事人之间的债权、债务关系。

区分单一之债和多数人之债,有助于准确地确定债的当事人之间的权利与义务关系。

>>经典案例

作为南、北邻居的原、被告,一个居南,一个居北,有一条宽 3.7 米的路在居南的原告与居北的被告两家相邻处的中间位置,原告家于 1999 年 10 月份建起三间门楼,头门朝南,当时被告东北角的院墙并不对着原告的头门。2003 年 11 月份,被告夏丙、夏丁找人把其东北角处的院墙重新垒了一遍,垒成后,该段院墙有一部分院墙将原告的头门的一半挡住了。在当地农村习惯上认为"半拉门子"是说妇女生活作风不好的意思。原告夏甲、姜乙认为被告夏丙、夏丁这一做法是对其名誉的损害,于是向法院提起诉讼。

法院经审理;依照《中华人民共和国民法通则》第一百零一条、第一百三十四条第一款第(一)项之规定,判决如下:

被告夏丙、夏丁要将侵害原告夏甲、姜乙的名誉权的行为停止，于本判决生效后 5 日内，其将住宅东北角的院墙拆除 3.94 米。由被告夏丙、夏丁负担案件专理费 50 元及其他诉讼费 250 元。

>>律师在线

本案是一起名誉权侵权案件，案件的双方当事人均为多人，故为多数人之债。县法院经过审理认为：公民享有名誉权。名誉权是公民对自己在社会生活中获得的社会评价、人格尊严享有的不可侵犯的权利。侵害名誉，指以言语、文字、漫画或其他方法贬损他人在社会上的评价，使其受到他人憎恶、蔑视、侮辱、嘲笑。侵害的方式有直接的方式和影射（间接的方式）。

针对本案而言，被告在原告门前所垒的一部分院墙将原告头门的一半挡住，形成了“半拉门子”的状况，况且在农村都认为“半拉门子”是骂人的，综合以上情况可以认定被告是在以影射的方式辱骂原告，所以，被告的行为构成了对原告的名誉权的侵犯。法院认定被告人侵权成立，即确认原、被告之间存在侵权之债。

第五节　按份之债与连带之债

>>按份之债与连带之债的概述

对于多数人之债，根据多数人一方当事人相互之间的债权债务关系分为按份之债和连带之债。

1.按份之债

按份之债，是指债的多数人一方各自按照确定的份额分享权利或者分担义务的债。

按份之债包括按份债权和按份债务。《民法通则》第八十六条规定:"债权人为二人以上的,按照确定的份额分享权利。债务人为二人以上的,按照确定的份额分担义务。"按份之债的成立应具备四个条件:①债权人或者债务人为二人以上。②债的标的是可分的。所谓债的标的可分,是指该债的标的经分割后并不损害其性质或价值。因此,按份之债的标的物只能是可分物。如果债的标的是不可分的,则当事人之间不可能按一定份额分享权利或分担义务。③按份之债必须是基于同一原因产生的。④法律没有另外规定或当事人没有另外约定。

2.连带之债

连带之债,是指债的多数人一方当事人之间有连带关系的债。所谓连带关系,是指对于当事人中一人发生效力的事项对于其他当事人同样发生效力。连带之债有连带债权和连带债务之分。在连带之债中,享有连带权利的每个债权人都有权要求债务人履行义务,负有连带义务的每个债务人都负有清偿全部债务的义务。履行了债务的连带债务人,有权要求其他连带债务人偿付其应当承担的份额。

《民法通则》第八十七条:"债权人或者债务人一方人数为二人以上的,依照法律的规定或者当事人的约定,享有连带权利的每个债权人,都有权要求债务人履行义务;负有连带义务的每个债务人,都负有清偿全部债务的义务,履行了义务的人,有权要求其他负有连带义务的人偿付他应当承担的份额。"连带之债的成立应具备三个条件:①债的一方或双方为多数主体。②以同一给付为标的。③多数主体一方各当事人之间有连带关系。

区分的主要意义在于二者的效力不同。在按份之债中,任一债权人接受了其应受份额义务的履行或任一债务人履行了其应负担份额的义务后,与其他债权人或债务人均不再发生任何权利义务关系。在连带之债中,连带债权人的任何一人接受了全部债务的履行,或者连带债务人的任何一人清偿了全部债务时,虽然原债归于消灭,但在连带债权人或连带债务人内部则会产生新的按份之债。

>>经典案例

2000年3月,江苏某电子公司从上海某电器厂购买彩电200台。电子公司在付款提货后,将其中180台交给上海某运输公司运输,双方口头商定:运输公司负责运送180台彩电到电子公司处,货到后电子公司支付6400元运费。电子公司给运输公司写明了送货的详细地址和收货人。此前电子公司与电器厂曾有一笔购销录音机交易,电子公司欠了电器厂267726元的货款,电器厂因索要不成,于是打算在半路将电子公司的彩电截留下来。因电器厂同期曾与南京某家用电器公司签订购销500台彩电的合同,尚未能供货,电器厂于是派员工与家用电器公司协商一起在中途截下电子公司的彩电,卖给家用电器公司。运输公司运送彩电的汽车即将到达电子公司所在地时,车被电器厂和家用电器公司所派的人员截住。电器厂业务员金某撒谎说:"电子公司还没有支付货款,要先找个地方存放彩电,彩电要等电子公司付款后再交给电子公司。"送货司机信以为真,将彩电送至金某指定的南京家用电器公司处。家用电器公司随即将彩电售出,运输公司司机后来发现彩电被截后,就向家用电器公司将6400元运费索要后返回。电子公司后来得知彩电被截,即到法院起诉,要求运输公司、电器厂和家用电器公司赔偿损失。

>>律师在线

本案所形成的债即属于不真正连带之债。在本案中,运输公司是因为其自身的违约行为,要承担赔偿责任,电器厂、家用电器公司则是因为其共同侵权行为,要承担赔偿责任。虽然两种行为都导致赔偿,从而都形成了债权债务关系,但由于其成因各不相同,故两种债之间是各自独立的。但对电器厂、家电公司来说,由于他们是共同侵权,故他们所负的赔偿责任不管是内容还是目的,都是同一的。因此,电器厂、家电公司两者应对电子公司负连带责任。

具体来说:①被告运输公司因为其违约行为要赔偿损失。按运输合同的约定,运输公司应该按电子公司的要求运送全部彩电安全地抵达指定地点,并且运输途中的损失风险也要一并承担。既然运输公司未能按约定完成运输义务,对违约造成的180台彩电损失应负全部赔偿责任。②被告电器厂与家用电器公司是因为共同侵权行为要赔偿全部损失。他们互相通谋,共同截留原告的彩电的行为,已构成共同侵权行为。

按照《中华人民共和国民法通则》第八十六条:债权人为两人以上的,按照确定的份额分享权利。债务人为两人以上的,按照确定的份额分担义务。

第八十七条:债权人或者债务人一方人数为两人以上的,依照法律的规定或者当事人的约定,享有连带权利的每个债权人,都有权要求债务人履行义务;负有连带义务的每个债务人,都负有清偿全部债务的义务,履行了义务的人,有权要求其他负有连带义务的人偿付他应当承担的份额。

第一百三十条:两人以上共同侵权造成他人损害的,应当承担连带责任。

法院判决:两被告应连带赔偿原告180台彩电的全部损失。至于最终由谁来作为本案的责任承担者,最终由原告电子公司自己在运输公司还是在电器厂、家用电器公司中进行选择。而在其中一方赔偿了电子公司的全部损失后,已赔偿方亦可向未作赔偿的另一方适当追偿。

第六节　特定之债与种类之债

>>特定之债与种类之债的概述

根据债的标的物的性质,债可分为特定之债与种类之债。以特定物为标的的债称为特定之债，以种类物为标的的债称为种类之债。区分的意义在于：

(1)原则上，特定之债当事人不能以其他标的物代替约定的标的物给付；种类之债的标的物是不特定的，具有可替代性。

(2)特定之债，在特定的标的物灭失时，发生债的履行不能；种类之债在约定的标的物发生毁损灭失时，一般不发生履行不能。

(3)转移标的物所有权的特定之债，当事人可以约定标的物所有权的转移时间和风险转移时间；种类之债在法律没有另外规定或当事人无另外约定时，标的物的所有权自交付时起转移，标的物的风险也自交付时转移给债权人负担。

>>经典案例

某日，山西省万荣县某乡的农民张某因造房急需一批石头，适逢同乡农民艾某从山上采下一批石头还没有使用，于是张某向艾某提出，要求先借其使用，等日后张某采回石头后再予以归还。艾某当即表示同意并把该批石头给了张某。次日，恰逢张某的亲戚来王家探亲，发现张某用于砌墙的石头竟是名贵的鸡血石，当即就将该情况告诉了张某，并告诉他说，若能好好珍藏该批石头，将来卖个好价钱不成问题。张某即将该批鸡血石存放于家中，但并未告知艾某该情况。数日后，张某为了归还艾某石头上山新开采了一批石头，艾某也接受了该归还。数月后，有人到王家购买该批石头，艾某才获知实情。于是艾某提出，要求张某归还该批鸡血石。而张某则声称，已归还石头，就已经结清其与艾某的债务关系，因此拒绝归还。双方因此发生纠纷，艾某遂将张某诉至法院。

>>律师在线

在本案中，判断艾某与张某所构成的是种类之债还是特定之债是本案的核心问题。若是特定之债，那么张某向艾某归还的应是特定的标的——艾某所交付的鸡血石，由于张某只是以一般的石头作为归还，因此其清偿行为是无效的，张某仍应归还该批鸡血石；若是种类之债，由于张某已用同种类的标的——石头向艾某作了清偿，那么张、艾之间的债权债务关系即已终结，张某就不再负有归还义务。在本案中，从艾某与张某的约定来看，艾某并没有在合同中对张某一定要用完全相同的石头来作偿还提出明确规定，这就意味着张某可用其他石头代替归还，从这一点上看，成立的应是种类之债。

但在该案中，因为艾某在出借时并不知道石头为鸡血石这一事实，对借用合同标的——该批鸡血石存在重大的误解。我国《民法通则》第五十九条的规定，下列民事行为，一方有权请求人民法院或者仲裁机关予以变更或者撤销：

（一）行为人对行为内容有重大误解的；

（二）显失公平的。

第六十一条：民事行为被确认为无效或者被撤销后，当事人因该行为取得的财产，应当返还给受损失的一方。有过错的一方应当赔偿对方因此所受的损失，双方都有过错的，应当各自承担相应的责任。

《中华人民共和国合同法》第五十四条：下列合同，当事人一方有权请求人民法院或者仲裁机构变更或者撤销：

（一）因重大误解订立的；

（二）在订立合同时显失公平的。

一方以欺诈、胁迫的手段或者乘人之危，使对方在违背真实意思的情况下订立的合同，受损害方有权请求人民法院或者仲裁机构变更或者撤销。

当事人请求变更的，人民法院或者仲裁机构不得撤销。

因此，艾某可通过主张该借用合同无效的方式，要求张某归还该批鸡血石，以挽回自己的损失。

第七节 简单之债与选择之债

>>简单之债与选择之债的概述

根据债的履行是否可以选择,债可分为简单之债与选择之债。

简单之债,也称为单纯之债或不可选择之债,是指债的履行标的唯一或单一,债务人只能按照该种标的向债权人履行的债。当事人不仅不能选择其他的标的履行,而且在履行时间、方式、地点等方面都无选择的余地。简单之债在债的履行上并无选择性。

选择之债,是指债的履行标的有数种,当事人须从中选择一种来履行的债。选择之债须具备以下两个条件:

(1)在债的履行上有可选择性。是指债成立之始就有两种以上的履行可供选择。可以是标的物种类不同,如债务人给付金钱或提供劳务;也可以是履行时间、履行方式、履行地点的不同。凡在债的给付标的、履行时间、方式、地点等诸方面可供选择的债,都为选择之债。

(2)在债的履行标的特定后才能履行。

>>经典案例

甲方因急需柴油,与乙厂签订了一份买卖合同。双方商定,乙厂以每吨1200元的单价,在一个月内筹集10吨0号或10号柴油供给甲方。合同生效后,甲方按合同约定支付了2000元定金。乙厂也在合同生效后第25天,依约定发运了10吨0号柴油给甲方。但是由于当时气温下降,无法对0号柴油投入使用,甲方因此要求乙厂改供10号柴油,或者退货。乙厂认为其所提供的0号柴油与国家质量标准和合同规定相符,既不应换货,也没有货可换,同时要求甲方不能退货,并依约支付货款。

>>律师在线

本案涉及的问题与选择之债有关,选择之债是指债存在两个以上的标的,当事人可以从中选择的债。依民法原理,对于选择之债的选择权,法律有规定的,依照法律规定;当事人有约定的,以当事人约定为依据;当事人没有进行约定的,法律也没有规定的,由债务人决定。本案中,甲方与乙方所约定的债应属选择之债。《中华人民共和国民法通则》第八十八条:合同的当事人应当按照合同的约定,全部履行自己的义务。

合同中有关质量、期限、地点或者价款约定不明确,按照合同有关条款内容不能确定,当事人又不能通过协商达成协议的,适用下列规定:

(一)质量要求不明确的,按照国家质量标准履行,没有国家质量标准的,按照通常标准履行。

(二)履行期限不明确的,债务人可以随时向债权人履行义务,债权人也可以随时要求债务人履行义务,但应当给对方必要的准备时间。

(三)履行地点不明确,给付货币的,在接受给付一方的所在地履行,其他标的在履行义务一方的所在地履行。

(四)价格约定不明确,按照国家规定的价格履行;没有国家规定价格的,参照市场价格或者同类物品的价格或者同类劳务的报酬标准履行。

《中华人民共和国合同法》第六十一条:合同生效后,当事人就质量、价款或者报酬、履行地点等内容没有约定或者约定不明确的,可以协议补充;不能达成补充协议的,按照合同有关条款或者交易习惯确定。

第六十二条:当事人就有关合同内容约定不明确,依照本法第六十一条的规定仍不能确定的,适用下列规定:

(一)质量要求不明确的,按照国家标准、行业标准履行;没有国家标准、行业标准的，按照通常标准或者符合合同目的特定标准履行。

（二）价款或者报酬不明确的，按照订立合同时履行地的市场价格履行；依法应当执行政府定价或者政府指导价的，按照规定履行

（三）履行地点不明确，给付货币的，在接受货币一方所在地履行；交付不动产的，在不动产所在地履行；其他标的，在履行义务一方所在地履行。

（四）履行期限不明确的，债务人可以随时履行，债权人也可以随时要求履行，但应当给对方必要的准备时间。

（五）履行方式不明确的，按照有利于实现合同目的的方式履行。

（六）履行费用的负担不明确的，由履行义务一方负担。

由于双方没有对选择权作出约定，而我国现有法律也未对此作出明确规定，故债务人乙厂拥有选择权。乙厂有要求甲方依约支付货款的权利。

第八节　你问我答

问：公民之间借款没有约定利息和返还期限该如何处理？

答：实践中常常发生公民之间借款，但没有对利息和返还期限进行约定的情况，法律在这种情况下的处理办法，有明确规定。

根据《中华人民共和国合同法》第二百一十一条的规定：“自然人之间的借款合同对支付利息没有约定或者约定不明的，视为不支付利息。自然人之间的借款合同约定支付利息的，借款的利率不得违反国家有关限制借款利率的规定。”根据《最高人民法院关于人民法院审理借贷案件的若干意见》第六条规定：“民间借贷的利率可以适当高于银行的利率，各地人民法院可以根据本地区的实际情况具体掌握，但最高

不得超过银行同类贷款利率的 4 倍(包含利率本数)。超出此限度的,超出部分的利息不予保护。”

根据《中华人民共和国合同法》第二百零五条的规定:“借款人应当按照约定的期限支付利息。对支付利息的期限没有约定或者约定不明确,依照本法第六十一条的规定仍不能确定,借款期间不满 1 年的,应当在返还借款时一并支付;借款期间在 1 年以上的,应当在每届满 1 年时支付,剩余期间不满 1 年的,应当在返还借款时一并支付。”

此外,根据《最高人民法院关于贯彻执行<中华人民共和国民法通则>若干问题的意见》第一百二十一条的规定:“公民之间的借贷,双方对返还期限有约定的,一般应按约定处理;没有约定的,出借人随时可以请求返还,借方应当根据出借人的请求及时返还;暂时无力返还的,可以根据实际情况责令其分期返还。”

问:如果借款人没有按约定的期限返还借款,能否要求其支付逾期利息?

答:可以。根据《中华人民共和国合同法》第二百零七条的规定:“借款人未按照约定的期限返还借款的,应当按照约定或者国家有关规定支付逾期利息。”

问:如果提前偿还借款,利息该怎样计算?

答:根据《中华人民共和国合同法》第二百零八条的规定:“借款人提前偿还借款的,除当事人另有约定的以外,应当按照实际借款的期间计算利息。”

问:借款人可以申请延长借款期限吗?

答:延长借款期限在法律术语中被称为“展期”。根据《中华人民共和国合同法》第二百零九条的规定:“借款人可以在还款期限届满之前向贷款人申请展期。贷款人同意的,可以展期。”

根据《中国人民银行贷款通则》第十二条的规定:“贷款展期:不能按期归还贷款的,借款人应当在贷款到期日之前,向贷款人申请贷款展期。是否展期由贷款人决定。申请保证贷款、抵押贷款、质押贷款展期的,还应当由保证人、抵押人、出质人出具同意的书面证明。已有约定的,按照约定执行。短期贷款展期期限累计不得超过原贷款期限;中期贷款展期期限累计不得超过原贷款期限的一半;长期贷款展期期限累计不得超过3年。国家另有规定者除外。借款人未申请展期或申请展期未得到批准,其贷款从到期日次日起,转入逾期贷款账户。”

问:二人以上共同借款该如何分担义务?

答:一般将债权人或者债务人为二人以上的债权债务关系分为两类:一类是按份之债,一类是连带之债。

关于按份之债,根据《民法通则》第八十六条的规定:“债权人为二人以上的,按照确定的份额分享权利。债务人为二人以上的,按照确定的份额分担义务。”关于连带之债,根据《民法通则》第八十七条的规定:“债权人或者债务人一方人数为二人以上的,依照法律的规定或者当事人的约定,享有连带权利的每个债权人,都有权要求债务人履行义务;负有连带义务的每个债务人,都负有清偿全部债务的义务,履行了义务的人,有权要求其他负有连带义务的人偿付他应当承担的份额。”

因此,二人以上共同借款,要看借款时两个借款人与出借人是怎样约定的,如果约定了明确的比例,则二人按约定比例偿还;如果未约定,则二人承担连带还款责任。另外,说明一点,两个借款人的内部约定,对外不能对抗债权人。

问:借款时有担保人的,可以向担保人要钱吗?

答:这要根据借款时的约定来作决定。如果是对担保人承担一般保证责任进行的约定,那么只能先向借款人要钱,经法院判决执行后借款人仍不能偿还的,才能找保证人要钱;如果是对担保人承担连带保证责任进行的约定,那么出借人既可以向借款人要钱,也可以向担保人要钱。在实践中,未约定是哪种方式的保证的情况占大多数,这种情况按连带责任保证处理。

此外,根据《最高人民法院关于贯彻执行<中华人民共和国民法通则>若干问题的意见》第一百一十条的规定:“保证人为二人以上的,相互之间负连带保证责任。但是保证人与债权人约定按份承担保证责任的除外。”关于连带保证责任的承担,根据《最高人民法院关于适用<中

华人民共和国担保法>若干问题的解释》第二十条的规定:“连带共同保证的债务人在主合同规定的债务履行期届满没有履行债务的,债权人可以要求债务人履行债务,也可以要求任何一个保证人承担全部保证责任。连带共同保证的保证人承担保证责任后,向债务人不能追偿的部分,由各连带保证人按其内部约定的比例分担。没有约定的,平均分担。关于按份共同担保,根据《最高人民法院关于适用<中华人民共和国担保法>若干问题的解释》第二十一条的规定:“按份共同保证的保证人按照保证合同约定的保证份额承担保证责任后,在其履行保证责任的范围内对债务人行使追偿权。”

关于是连带还是按份共同保证的认定,根据《最高人民法院关于适用<中华人民共和国担保法>若干问题的解释》第十九条的规定:“两个以上保证人对同一债务同时或者分别提供保证时,各保证人与债权人没有约定保证份额的,应当认定为连带共同保证。连带共同保证的保证人以其相互之间约定各自承担的份额对抗债权人的,人民法院不予支持。”

第三章 债的发生

所谓债的发生，是指基于特定的法律事实，在当事人之间产生一定债权债务关系的法律现象。

债是基于一定的法律事实而发生，这些能够引起债的关系产生的各种法律事实被称为债的发生原因，又称债的发生根据。因为任何法律关系的发生、变更和终止都是以一定的法律事实为根据，所以债的发生原因也就是引起债的关系产生的法律事实。《民法通则》第八十四条规定，债是按照合同约定或者依照法律规定而产生的民事法律关系。据此，债的发生原因可分为两类：一是合同；二是法律规定。

第一节 合同之债

>>合同之债的概念

合同，是指平等主体的自然人、法人、其他组织之间设立、变更、终止民事权利义务关系的协议。合同依法成立并生效后，即在当事人间产生债权债务关系，因此合同是债的发生根据。因为合同是双方或多方的民事法律行为，只有各方的意思表示一致才能成立，所以合同之债又称为合意之债，属于意定之债。合同是债的最主要发生原因，在债法中占有举足轻重的地位。

>>经典案例

造船厂与渔业公司于2004年12月4日,签订了《570马力钢质渔船销售合同》。合同约定:由造船厂向渔业公司销售570马力渔船一对(2艘),共计价款176万元。付款办法规定为:交船签字时付53万元,交船后1年内分两次付清余款,第一次于2005年5月30日付53万元,第二次于2005年12月15日付70万元,同时将利息结算清楚。利息自交船之日起计算,利率按原告所在地工商银行规定计算,每期付款要在一个月内,逾期利息按复息计算。2004年12月15日为约定交船期。12月16日,原、被告正式签订船舶销售(转让)交接手续。船舶交接完毕后,渔业公司即刻向造船厂支付53万元船款。此后,渔业公司又分别于2005年4月1日、6月30日支付38万元、25万元给造船厂。至此,渔业公司共支付船款本金116万元。但是渔业公司拒付余款本金及利息。2001年3月11日,造船厂与某渔工商公司(下称渔工商公司)签订《钢质渔轮建造合同》,合同约定:由造船厂为渔工商公司建造钢质渔轮12对(24艘)。在合同履行期间,由于国家银根紧缩,主要靠银行贷款建造船舶的造船厂资金严重缺乏,加之原材料涨价等原因,造船厂在已建造完工3对船后,提出与渔工商公司修改合同。经合同双方协商,于2004年1月6日,双方签订《修改合同协议书》,约定:原合同定明造船数量为12对,改为建造3对船,后续(建造的)船由乙方造船厂自行处理。在《钢质渔轮建造合同》和《修改合同协议书》中,蔡友平以渔工商公司副总经理全权代表身份在合同上签字。蔡后调至与渔工商公司无任何隶属关系的本案被告渔业公司任经理,又以该公司法定代表人身份与造船厂签订了《570马力钢质渔船销售合同》。

据此,原告认为,本厂已依《570马力钢质渔船销售合同》的规定,按期履行了向被告交船的义务,而被告至今仅向本厂偿付船款部分本金,尚欠本金和利息。此次诉讼完全是被告的违约行为所致。故起诉至武汉海事法院,请求被告偿付本金、利息及违约金。

被告辩称:《570 马力钢质渔船销售合同》是《钢质渔轮建造合同》不可分割的组成部分。原告造船厂在履行《钢质渔轮建造合同》中违约,造成我方误过捕鱼黄金季节,经济损失严重。“销售合同”是原告欺诈我方的产物。提出:两个合同应作为一个法律关系同时审理,分别追究双方的违约责任;原告所述欠款本金及利息有误,应予核实计算。

>>律师在线

合同是当事人之间为实现一定目的、明确相互权利义务关系而签订的协议。合同一旦有效成立,即在当事人之间形成了一定的债权债务关系,当事人必须严格按照合同的规定对约定的义务予以履行,这是合同之债的本意。本案原告 2001 年 3 月 11 日同渔工商公司签订的船舶建造合同,建造船舶是其目的;原、被告之间于 2004 年 12 月 4 日签订的船舶买卖合同,买卖船舶是其目的。两合同的性质有着原则区别。被告以两个合同的签订人都是蔡友平一人,认为是不可分割的整体,这似乎有道理,但实际上,蔡友平在“2001 年合同”中代表渔工商公司在合同上签的字,应由渔工商公司直接承担其法律后果;而在“2004 年合同”中是代表渔业公司在合同上签字,而渔工商公司与渔业公司不存在并、转、分及隶属关系,虽说是同一自然人作为代表在两份合同上签的字,但代表的却是不同的法人,因此,两份合同没有必然联系,不能混为一谈。法院认定该案是原、被告之间船舶买卖同欠付船款纠纷是正确的。

按照《中华人民共和国民法通则》第八十四条规定:债是按照合同的约定或者依照法律的规定,在当事人之间产生的特定的权利和义务关系。有权利的人是债权人,负有义务的人是债务人。债权人有权要求债务人按照合同的约定或者依照法律的规定履行义务。

第一百一十一条:当事人一方不履行合同义务或者履行合同义务不符合约定条件的,另一方有权要求履行或者采取补救措施,并有权要求赔偿损失。

第一百一十二条:当事人一方违反合同的赔偿责任,应当相当于另一方因此所受到的损失。当事人可以在合同中约定,一方违反合同时,向另一方支付一定数额的违约金;也可以在合同中约定对于违反合同而产生的损失赔偿额的计算方法。

第一百一十五条:合同的变更或者解除,不影响当事人要求赔偿损失的权利。

《最高人民法院关于贯彻执行<中华人民共和国民法通则>若干问题的意见(试行)》第五十八条:企业法人的法定代表人和其他工作人员,以法人名义从事的经营活动,给他人造成经济损失的,企业法人应当承担民事责任。

《中华人民共和国合同法》第七十六条:合同生效后,当事人不得因姓名、名称的变更或者法定代表人、负责人、承办人的变动而不履行合同义务。

基于原告方已按合同约定完成了交付义务,这就意味着因原告清偿,被告所享有的债权已经终结,而被告应支付的相应的价款却未按时支付,即对自己的债务未及时履行,故原告享有对被告的债权,被告负有完全履行其债务的义务。

第二节　侵权行为之债

>>侵权行为之债的概述

侵权行为所产生的债,是指行为人不法侵害他人的人身或财产权利,并造成他人损失而应该承担民事责任所构成的一种法定之债。受侵害的当事人一方有权请求侵害人赔偿损失,侵害人则负有赔偿损失的义务。因此,因侵权行为的实施在受害人与侵害人之间形成债权债务关系,因侵权行为而发生的债称为"侵权行为之债"。由于该债的后果是法律规定的后果,故因侵权行为所产生的债,也称为法定之债,或称非合意之债。

侵权行为是法律所禁止的不法行为,但基于侵权行为所产生的侵权行为之债却是合法的,是受法律保护的。侵权行为之债不是侵权行为人所愿意发生的法律后果,法律确认侵权行为之债的目的在于通过债的手段使侵权行为人承担其不法行为所造成的不利后果,给受害人以救济,从而保护民事主体的合法民事权益。

>>经典案例

吕某的父母将吕某委托给艾某带着一起到新疆旅游。2003 年 7 月,张某、艾某等 10 名成人、5 名孩子与旅行社达成协议,以张某为代表与旅行社签订了《旅游服务协议》。安排好了费用和行程中的住宿、景点及参观的项目等。随后,游客按行程表乘车旅游。至 2003 年 7 月 14 日,应游客的要求,旅行社的司机及导游为方便游客下车拍照,同意在原计划中无该停车点的地方停车。吕某在下车后横穿马路时,被行驶到该旅游车停车点的某运输公司驾驶员吴某驾驶的客车撞伤,经抢救无效而死亡。经公安局交通警察大队认定吴某、吕某负此起事故的同等责任。

2003 年 8 月 18 日,吕某的父母与某运输公司达成赔偿协议。吕某的父母同时认为旅行社工作存在重大过失,对吕某的死亡也应承担赔偿责任,于是向法院提起诉讼。

法院经审理认为,吕某与被告旅行社之间存在旅游服务合同关系,被告应当按照合同约定提供旅游服务义务,并应在合理限度范围内尽安全保障义务。在旅游车临时停车让游客观光时,被告的服务人员没有对游客观看景点进行认真组织、引导,致使吕某横穿马路时被他人超速行驶的车辆碰撞致死,应认为没有尽到安全保障义务,对此应当承担赔偿责任。

吕某是无民事行为能力人,吕某的父母委托艾某带其来新疆旅游,途中艾某因对监护一事疏忽大意,致使吕某横穿马路遭到车祸,也应对此承担相应的责任。二原告因交通事故致吕某死亡,从肇事车辆的所有人处和保险公司处获得了人身损害赔偿金和保险金,应用以抵偿被告旅行社的部分赔偿。

>>律师在线

本案中,被告旅行社的行为与旅游合同约定的安全保障义务相违背,构成违约责任。同时,疏于管理的被告,对原告女儿的死亡负有侵权责任。这两个责任是竞合的,不能同时行使,但允许受害人作出选择。

第三节 无因管理之债

>>无因管理概念

无因管理,是指没有法定的或约定的义务,为避免他人利益遭受损失,自愿管理他人事务或为他人提供服务的行为。管理他人事务的人,为管理人;事务被管理的人,为本人。无因管理发生后,管理人与本人之间便发生债权债务关系,这就是无因管理之债。其主要内容是,管理人享有请求本人偿还因管理事务而支出的必要费用的债权,本人负有偿还该项费用的债务。

法律确认无因管理制度,有以下几个方面的意义。

(1)有利于倡导助人为乐的道德风尚。无因管理是一种自愿帮助他人的合法行为,法律通过保证无因管理人管理费用返还请求权,去鼓励人们互帮互助,促进社会美德的发扬。

(2)有利于避免财产损失。管理人为避免他人利益受到损失,主动管理他人的事务,可以有效地避免不必要的财产损失和资源浪费。

(3)有助于形成良好的财产秩序和交易秩序。无因管理之债是法定之债,法律权衡管理人和受益人的利益,规定因管理事务所得的利益归受益人,受益人应偿付管理人支出的必要的费用,从而维护良好的财产秩序和交易秩序。

我国《民法通则》第九十三条确立了无因管理制度,这不仅仅是出于借鉴他国成熟立法经验的考虑,更主要的是它符合了中国传统文化中“崇义贬利”“仁者爱人”的义利伦理观。此条款是道德规范上升为法律规范的最好证明。因此,我国民法确立无因管理制度,对于在全社会弘扬助人为乐、扶危济困的良好道德风尚有着广泛、深远而积极的意义。

>>无因管理的性质

无因管理能引起债的发生,它是一种法律事实。该种债权债务关系的产生,是基于法律的规定,而非当事人的约定。作为债的发生根据的法律事实,无因管理属于合法的事实行为。其性质有三点:

(1)无因管理与人的意志有关,不属于事件,而属于行为。

(2)因为无因管理的管理人并不是以发生一定民事法律后果为目的而实施管理行为,并不以行为人的意思表示为要素。因此,无因管理不属于意思行为或表意行为,而属于事实行为。

(3)无因管理是一种合法行为。事实行为有合法的,也有不合法的,无因管理属于合法的事实行为。

>>无因管理的构成要件

1.为他人管理事务

管理他人事务,就是为他人进行管理或者服务。这是成立无因管理的首要条件。这里所说的事务,是指有关人们生活利益的一切事项。它可以是有关财产的事项,也可以是非财产的事项;可以是继续性的事项,也可以是一时性的事项;可以是法律行为,也可以是事实行为。但下列事项不能成为无因管理的对象:违法事项;不能发生债的关系的事项，如纯粹宗教的、道德的和属公益性质的事项；依照法律规定必须经本人授权才能办理的事项；必须由本人亲自办理的事项，如结婚登记等。

管理的事务必须是他人的事务。如将自己的事务误认为他人的事务而管理，即使目的是为他人避免损失，也不能构成无因管理。根据事务的自身性质，可以将事务分为三类：客观的他人事务；客观的自己事务；客观上无法判断是自己的事务还是他人的事务，也有人称之为中性事务。客观的他人事务，能成立无因管理；中性事务中，主观的他人事务，也可成立无因管理，但管理人应负举证责任。

所谓管理，就是处理事务的行为。它既可以是民事法律行为，也可以是事实行为。例如，保存行为、改良行为、利用行为、处分行为和服务行为，等等。

2.为避免他人利益遭受损失而管理

这是无因管理成立的主观要件，也是无因管理制度的目的所在。管理人管理他人事务是为避免他人利益受到损失，这就要求管理人的管理是为他人谋利益而不是为自己谋利益。管理人的管理是否是为他人谋利益，应当从动机和效果两个方面看。从动机上说，管理人管理事务的动机是为了避免他人的利益受损失。从效果上说，因管理所取得的利益最终应归于本人，而不能由管理人自己取得。只要管理人能够证明自己管理的动机是为他人谋利益的，不论其实施的管理行为是否达到了切实地避免了被管理人的损失，均可成立无因管理。

无因管理的成立只以管理人主观上有为他人谋利益的目的足矣，至于管理的最终结果是否有利于被管理人，是否使被管理人利益免受损失，则应属于无因管理的效力问题，属于管理人是否履行因无因管理而发生的债务问题，而不应影响无因管理的成立。还应该注意，虽然无因管理的成立以管理人有为他人谋利益的目的为要件，但这也并不要求管理人必须有为他人利益的明确表示，也不要求管理人有专为他人谋利益的目的，管理人虽未明确表示其是为了他人利益而管理，但从管理行为看，客观上是为了避免他人利益受损失的，这就可以成立无因管理。但是,若管理人误将他人的事务当作自己的事务而进行管理,尽管从客观效果上讲也使他人受益,却不应成立无因管理。因为误将他人的事务作为自己的事务管理,说明管理人在主观上并没有为他人谋利益的意思,主观上是为自己谋利益的。

为他人谋利益的意思,其典型形态是专为他人谋利益的意思。但也允许管理人在有为他人谋利益的意思同时,为自己的利益实施管理或服务行为。这里的利益,既包括无因管理行为使他人取得某种权益而直接受益,也包括他人得以避免或减少损失而间接受益。

3.没有法定或约定义务

无法定义务,包括无公法上的义务或无私法上的义务。前者如消防队员救火、警察收留迷路儿童;后者如父母管理未成年子女事务等。对于负有特定救助职责的国家工作人员在职务之外实施的救助行为,一般应属无法定义务。无约定义务,指没有合同规定的义务。合同包括可在管理人与被管理人之间产生义务的合同,如委任、保管、运输、承揽、合伙等,也包括为第三人利益的合同,如本人委托管理人给甲修理汽车。若合同义务人的管理行为比合同约定义务做的还多,应依法律是否有特别规定,并以合同规定的义务内容、性质、行为人的行为等因素综合分析,对可否成立无因管理作出判断。

>>无因管理的效力

无因管理的效力,表现在无因管理一经成立,管理人与本人之间即产生债的关系。管理人有要求本人偿付因管理而支付的必要费用和补偿因管理而遭受的相应损失的权利。但与不当得利之债不同的是,无因管理之债中,管理人不仅是债权人,也是债务人。无因管理效力的内容包括:

1.管理人的义务

(1)适当管理义务。这一义务表现在两个方面:第一,管理人不应违背本人的管理意思。管理人在进行事务管理时,不得违背本人明示的或可推知的管理意思。但管理人对于事务的管理系为本人尽公益上的义务或为其履行法定义务时，尽管违反本人明示或可推知的意思，仍为适当管理。第二，管理人应依有利于本人的方法进行管理。管理方法是否有利于本人，应从客观上判断，以能否避免本人利益遭受损失为标准。

(2)通知义务。管理人应将管理事务的事实及时通知给本人，这是管理人的从属义务。管理开始时，除管理人确实无法通知本人之外，均应及时通知本人。通知后，除有紧迫情况外，应听候本人的指示。

(3)报告、计算义务。报告、计算义务主要包括以下三项内容：①管理人应将管理事务的进行状态及时报告给本人。管理关系终止时，应向本人明确报告其详情。②管理人因管理事务所取得的物品、钱款及孳息应交付给本人。③管理人为自己的利益而使用了应交付给本人的钱款，或者使用了应为本人利益而使用的钱款，应自使用之日起支付利息。

管理人违反上述适当管理义务的责任，应分两种情况确定：一是，管理人开始管理事务时，并不违反本人的管理需求和社会常识，只是在具体的管理方法、措施方面不当，给本人造成损害时，若管理人有故意或重大过失的，应负赔偿责任；若管理人只有一般过失，则应免除或减轻管理人的责任。二是，管理人有管理意思，但其管理事务却违反本人的管理需求或社会常识，使管理效果不利于本人，管理人如有过错，则应负赔偿责任。

2.管理人的权利

(1)管理人有权要求偿还管理人因管理事务所支出的必要费用及其利息。

(2)管理人为本人负担必要的债务时，本人应清偿该债务。

(3)管理人因管理事务而遭受损失时，本人负责赔偿。

需要注意的是管理人管理事务违反本人的意思，但管理事务的结果有利于本人，则本人应就实际所得的部分利益偿还管理人支付的必要费用，而不以管理人实际支付的费用为标准。但是，管理人所管理的事务属于为本人尽公益的义务或为其履行法定义务时，如代缴税款或支付抚养费、赡养费等，则本人仍应负全部偿还该费用的义务。

>>经典案例

某村农民蒋某于2004年6月傍晚，在自家农田的水沟旁边见到了30只鸭雏，赶回家饲养起来。饲养两个月后，村里发生疫情。5只鸭雏染病死掉。蒋某为避免更大损失，将剩下的25只鸭雏以每只6元的价格卖掉，获利150元。后失主张某找到蒋某，称鸭雏是其在外地高价买回的天鹅雏，每只天鹅幼雏饲养4个月后价值30元。要求蒋某赔偿25只天鹅雏的经济损失，并愿意把蒋某两个月管理费用还给他。蒋某认为他无法辨认到底是不是天鹅幼雏，其为避免鸭雏染病死亡造成更大损失，出卖鸭雏的行为也没有过错，因此拒绝赔偿，只同意将150元卖鹅款返还给失主张某。张某遂起诉，要求蒋某赔偿天鹅幼雏价款900元。蒋某拒绝赔偿，并提出反诉，对自己为饲养30只鸭雏而支付的必要费用（饲料费、劳务费、治鸭雏病的药费）共100元，要求张某予以偿付。

案件审理过程中，对蒋某是否尽了适当的管理职责产生分歧。

第一种意见：蒋某尽到了善良管理人的注意义务，他出售鸭雏行为是从张某的利益出发。蒋某是因其自身认知水平错把天鹅幼雏当作鸭雏，本身并没有过错，因为鸭雏和天鹅幼雏对普通人来说本就是不易区分的。蒋某的失误不构成重大失误，应认定蒋某是尽了适当的管理职责，因此蒋某不应负赔偿责任，而张某应对蒋某因管理鸭雏而支付的必要费用予以补偿。

第二种意见：蒋某错误地把天鹅幼雏当作鸭雏出售，没有尽到管理人的注意义务，造成了失主的重大损失，应认定是重大失误，失主的经济损失应由蒋某赔偿。

法院最后采取了第一种意见，判决蒋某将150元卖鹅款给付张某，驳回张某的其他诉讼请求；判决张某偿付蒋某因为其管理鸭雏而支付的必要费用100元（从150元卖鹅款中扣除）。

>>律师在线

无因管理的适当管理义务和无因管理的费用补偿是本案的焦点问题。

无因管理,是指没有法律规定或者约定的义务为他人管理事物。管理事物的人称为管理人,而被管理事物的“他人”称为本人。在无因管理成立后,适当管理义务就是管理人的主要义务之一。管理人自承担管理时起,就应以利于本人的方法,依本人明示或可能推知的意思为管理行为。依本人可能推知的意思进行管理,并非完全依照本人的主观意思,而应依社会的一般观念判定,凡在通常情况下对事物的管理与事物所有人利益相符,都可以认定没有违背本人的意思。所谓以利于本人的方法,也应该依具体情况确定,而不是以管理者或本人的主观意思为标准。管理人在管理过程中应尽到善良管理人的注意义务。管理人的善良管理人的注意义务是否尽到,应与管理人的能力或水平、管理事物性质、社会通常管理常识综合起来,相结合后判断,如果管理人因未尽善良管理人的注意义务而违反了适当管理义务,造成本人的损害,管理人应承担赔偿责任。

本案中,因为天鹅不是通常饲养的家禽,天鹅幼雏与鸭雏在外部特征上又没有太明显的区别,管理人很难辨认鸭雏和天鹅幼雏的区别,作为一个农民的蒋某,凭他的能力和知识水平不能准确区分是鸭雏还是天鹅雏,是情有可原的。因此,不能因蒋某误把天鹅雏当作鸭雏出售就认为他没有尽到善良管理人的注意义务和适当管理义务,因此,正确的是第一种意见。

《民法通则》第九十三条规定:“没有法定的或者约定的义务,为避免他人利益受损失进行管理或者服务的,有权要求受益人偿付由此而支付的必要费用。”这是无因管理的费用补偿的法律依据,体现了权利与义务一致原则和民法的公平原则。依据该规定,只要管理人的适当管理义务尽到了,受益人就应该对由此而支付的必要费用进行偿付。法院以事实为根据,以法律为准绳,驳回张某要求蒋某赔偿损失的诉讼请求,而判决张某偿付蒋某因为其管理鸭雏而支付的必要费用,是公正的。

第四节 不当得利之债

>>不当得利的概念

不当得利,是指没有合法根据,使他人受到损失而自己获得了利益。也正是因为不当得利没有合法根据,所以其虽属既成事实也依然不受法律的保护,不当利益应返还给受损失的人。这种权利义务关系就是不当得利之债。其中,取得不当利益的人叫受益人,是不当得利之债的债务人,其承担返还不当得利的债务责任;财产受损失的人叫受害人,是不当得利之债的债权人(本人),其享有请求受益人返还不当利益的债权。

不当得利法律规范的基本价值功能有两个:对欠缺法律原因的财产移转行为进行纠正和使原权利人对财产的归属权得到保护。

>>不当得利的构成要件

1.一方受益

一方受益是不当得利成立的要件之一。如果一方使他方的财产受到损害,自己并未从中获得任何利益,依法应负赔偿责任,不构成不当得利。

所谓获得利益,是指因为一定事实使财产总额增加。增加有积极的增加和消极的增加两类。财产的积极增加,是指权利的增强或义务的消灭,使财产范围扩大。其具体表现形式为:财产权利的取得、占有的取得、财产权的扩张或效力的增强、财产权限制的消灭。财产消极的增加，是指当事人的财产本应减少却因一定事实而没有减少，包括本应支出的费用而没有支出、本应负担的债务而未负担或少负担、本应有设定的财产限制而没有限制等。获益的方法，可以是法律行为，也可以是事实行为；可以是受益人的行为，也可以是受害人的行为；可以是第三人的行为，也可以是自然事实。

2.他方受损

他方确实受到损失是不当得利成立的另一个必要要件。如果一方获得利益，他方并没有因此而受到任何损失，就不构成不当得利。

损失，包括现有财产利益的减少，即直接损失或积极损失；财产利益应当增加而没有增加，即间接损失或消极损失。其中对于损失的界定不像侵权行为或违约行为制度那么严格，如在给付不当得利情形下，一方因他方为给付而受益，对他方即构成损失；在非给付不当得利情形下，一方取得依权利内容应当属于他方的利益，他方即构成损失。就间接损失而言，只要在通常情况下可能增加而实际没有增加即可。这是因为不当得利制度的功能在于使受益人返还其没有法律上原因而取得的利益，而非填补损害。

3.获得利益和受损失之间有因果关系

所谓获得利益和受到损失之间有因果关系，是指他方的损失是因一方获得利益造成的。这种因果关系的含义，在民法理论上有直接因果关系说与非直接因果关系说之争。前者主张，获得利益和受到损失必须基于同一原因事实，才算两者间有因果关系。如果获得利益的原因事实与受到损失的原因事实不同，即使获得利益和受到损失之间有所牵连，也无因果关系。

不当得利制度的作用，在于依照衡平观念调节财产利益的不当变动，一方没有法律上的原因而取得利益，他方因而受到损失，应当基于衡平观念并依社会伦理来确定是否存在因果关系：在利益和损失之间尽管有第三人的行为介入，如果依照社会观念系属不当，并且没有法律上的原因就取得了利益，也应适用不当得利的规定，令第三人负不当得利返还义务。如采纳直接因果关系理论，就会使受损害的人向间接获利的第三人主张不当得利返还请求权的机会被不当地排除。我国《民法通则》第九十二条关于不当得利的规定,即采取了非直接因果关系的观念,即只要他方的损失是由取得不当利益造成的,或者如果没有其不当利益的取得,他方就不会造成财产的损失,均应认为获得利益与受到损失之间有因果关系,构成不当得利。

4.没有合法根据

之所以自己获得利益却使他方造成损失会构成不当得利,是因为获得该项利益是没有合法根据的。可见,不当得利成立的重要要件就是没有合法根据。如果一方获得利益和他方受到损失有法律上的根据,法律认可和保护当事人之间的关系,就不构成不当得利。

>>不当得利的基本类型

不当得利情况复杂,类型较多,但其基本类型可划分为两类:一是基于给付行为产生的不当得利;二是基于给付行为以外的事实而产生的不当得利。

(一)给付不当得利的类型

1.给付原因自始不存在的给付不当得利

(1)民事行为不成立、无效及被撤销所产生的不当得利。民事行为不成立、无效及被撤销,当事人已完成其给付行为的,由于民事行为并无法律效力,该项给付即属于自始没有给付原因的给付行为,因此,为给付行为一方在原物仍然存在时,既可主张物上请求权,要求受领人返还所有物,也可放弃此项效力较强的请求权,转而主张不当得利返还请求权。如果原物已被受领人消费,或由第三人合法取得(但受善意取得的限制)或标的物为种类物,无法进行原物返还的,给付行为人可对受领人主张不当得利的返还。

(2)履行不存在的债务所引起的不当得利。即所谓的非债清偿。这里所谓履行不存在的债务,即包括履行根本不曾存在过的债务,如甲欠乙 100 元,误给丙,或甲根本不欠丙钱,却误以为欠钱,还给丙 100 元。

2.给付原因嗣后消灭的给付不当得利

(1)因合同解除产生的不当得利。合同解除有溯及力的,基于合同发生的债务关系溯及既往地消灭。为给付行为的一方当事人对于其此前所为的给付,如原物仍然存在的,既可主张所有物返还请求权,也可主张不当得利返还请求权。原物已被消费或由第三人合法取得或为种类物,无法返还原物,可主张不当得利返还请求权。

(2)因给付目的不能实现的不当得利。如发生保险事故后,保险人依照保险合同给付保险金后,被保险人从第三人处取得损害赔偿而填补损害,其受领的保险金即构成不当得利,应当予以返还。

(二)非给付不当得利的类型

(1)基于受益人的行为而产生的不当得利。如受益人擅自出卖他人之物而取得利益。

(2)基于受损人的行为而产生的不当得利。如受害人将他人的土地误以为是自己的土地而耕种并施肥。

(3)基于第三人的行为而产生的不当得利。如快递员误将寄送给甲的财产送给了乙。

(4)基于事件而产生的不当得利。如洪水过后,李某养的鱼被冲到王某家的鱼塘里。

(5)基于添附而产生的不当得利。在添附情况下,一方取得他方财产的所有权,应依不当得利向丧失所有权一方返还所得利益。

债务人放弃时效利益或者期间利益所为的给付、因为履行道德义务而为的给付、明知没有给付义务而为的给付、不法给付,不得请求不当得利返还。

>>不当得利的效力

不当得利一经成立,即在当事人之间发生债权债务关系,受害人有权请求受益人返还不当得利,受益人负有返还不当得利的义务。在受益人死亡的情况下,可依继承法的规定,由其继承人负返还不当得利的义务。

(1)受益人为善意,即在受益人取得利益时不知道没有合法根据,其返还利益的范围以利益存在的部分(现存利益)为限;如利益已不存在,则不负返还义务。所谓现存利益不限于原物的固有形态,如果形态改变,其财产价值仍然存在或者可以代偿,仍然属于现存利益。

(2)受益人为恶意,即在取得利益时明知没有合法根据,其返还利益的范围应是受益人取得利益时的数额,即使该利益在返还之时已经减少甚至不复存在,返还义务也不免除。之所以如此,是因为受益人明知其取得利益没有合法根据,却仍然置受害人的合法利益受损于不顾,法律对此没有加以特别保护的必要。

(3)受益人在取得利益时为善意,嗣后为恶意的,其返还范围应以恶意开始之时存在的利益为准。

>>经典案例

原告与某新特药站(以下简称特药站)于 2002 年 12 月 1 日,签订了一份购销药品华素片的合同。根据合同规定,原告给特药站用"火车快件"的运输方式发运 10 件华素片,共计款 21600 元。此货到达后,同年 12 月 14 日,某装卸二公司(以下简称二公司)将该批货物从火车站快件房取出,用人力车送货,因没有找到特药站所在地,误将该批药物送到被告处,被告职工未加核实有关手续即将该批华素片收入,并在"市运二站代办行包领取取货凭证"上签字后,把被告营业专用章盖在上面。原告于 2004 年 5 月 8 日向特药站追要药款时,才发现药已被误送到被告处。原告找被告要货款,被告承认收到了该批药物,但称负责人收货时并不知道事情的来龙去脉,而且华素片早就已经已卖完,可用其他药物抵账。原告不同意,遂于 2004 年 8 月 20 日诉至驻马店市人民法院,要求被告返还 21600 元货款及对银行利息进行赔偿。

法院经审理认为:在二公司将原告供给特药站的华素片误送到被告处时,被告在没有对有关手续进行核实的情况下就收下并作销售处理,获得利益,按照《民法通则》第九十二条的规定,被告的行为已构成不当得利,所获取的货款应返还原告,并赔偿一定的经济损失。

>>律师在线

《民法通则》第九十二条规定:“没有合法根据,取得不当利益,造成他人损失的,应当将取得的不当利益返还受损失的人。”《关于贯彻执行<中华人民共和国民法通则>若干问题的意见(试行)》第一百三十一条规定:“返还的不当利益,应当包括原物和原物所生的孳息。利用不当得利所取得的其他利益,扣除劳务管理费用后,应当予以收缴。”由此可见,只有符合以下四个要件才能构成不当得利:一是要有一方获得利益;二是他方受到了损害;三是获得利益与受到损害之间有直接因果关系;四是一方是在没有法律根据的基础上获得的利益。本案被告获取有货物价款的利益是因接收并销售了不应由其接收和销售的货物;原告损失了应收取的货款,是因发货后一直收不到货款;被告所获利益正是原告受到的损失,是送货错误这同一事实引起的两方面的结果,两者之间有直接因果关系;被告与原告之间既没有合同关系,也没有其他占有此货物的合法根据,却依然收取了货物,所以其获得此种利益没有法律上的根据。因此,被告的行为符合不当得利的构成要件的要求,原、被告之间不当得利之债成立。据此,被告应负返还义务,返还给原告其所得利益——21600 元销售收入及其利息。

第五节　缔约过失之债

>>缔约过失之债的概述

所谓缔约过失,是指在当事人缔结合同过程中具有过失,违反依诚实信用原则负有的先合同义务,从而导致合同的不成立、无效或者被撤销。基于此,使当事人遭受损害而产生的债权债务关系,就称为缔约过失之债。

依照《合同法》第四十二条的规定,当事人在订立合同过程中有下列情形之一,给对方造成损失的,应当承担损害赔偿责任:

(一)假借订立合同,恶意进行磋商;

(二)故意隐瞒与订立合同有关的重要事实或者提供虚假情况;

(三)有其他违背诚实信用原则的行为。

对于相对人的财产损失,赔偿范围应为相对人的信赖利益的损失。信赖利益的损失,既包括因他方的缔约过失行为而致信赖人的直接财产的减少,如支付各种费用,也包括信赖人的财产应当增加而未增加的利益,如信赖合同有效而失去某种应该得到的机会。

>>经典案例

被告杨某为一个体户,一直在外经商。杨某于1993年5月初返回家乡时发现原告(某街道幼儿园)房屋年久失修,拥挤不堪,便主动提出愿捐款100万元为原告盖一栋小楼,但原告同时也必须投入一笔配套资金在这件事上。原告当时立刻表示同意。同年5月25日,原告又与被告协商确定资金到位时间和开工时间,被告提出其将在9月底使捐款到位,在此之前请原告将开工准备作好,包括对必要的配套资金的准备。

同年7月初原告开始将其原有5间平房拆除,并于7月找到一家信用社贷款50万元,期限为1年。原告于同年9月初,找到被告催要捐款,被告说因为生意上的亏损,暂时没法捐款。原告提出可减少捐款,但被告表示仅能捐出数万元。双方不能达成协议,原告遂向法院提起诉讼,要求被告履行诺言,否则要对原告遭受的全部损失进行赔偿。被告辩称双方连书面合同都没有签订,所以他没有必须捐款的义务,至于原告遭受了损失是由于其自己原因造成,他不应承担任何责任。

法院经审理认为,尽管双方没有订立正式的书面合同,但双方经过多次协商已达成了一致意见,应认为捐款合同已经成立,被告应在合同规定时间内将捐款交付,如不捐款,则应对原告全部损失进行赔偿。

>>律师在线

所谓缔约上的过失责任，是指在合同订立过程中，一方依据诚实信用原则所应负有的义务没有履行，而导致另一方的信赖利益的损失，应承担民事责任。缔约上的过失责任与违约责任的基本区别在于，此种责任发生在缔约过程中而不是发生在合同成立以后。只有在合同虽然已成立，但因为不符合法定的生效要件而被确认为无效或被撤销，或者在合同尚未成立时，缔约人才承担缔约责任。若合同已经成立，则因一方当事人的过失而致他方损害，缔约过失责任就不适用了，只能适用违约责任。尽管缔约过失责任发生在缔约阶段，但当事人之间显然已经有某种订约上的联系。换句话说，就是一方为缔结合同，实施了某种法律意义的行为（如发出要约或要约邀请），而另一方合理信赖了此行为。

《中华人民共和国合同法》第四十二条规定："当事人在订立合同过程中有下列情形之一，给对方造成损失的，应当承担损害赔偿责任：（一）假借订立合同，恶意进行磋商；（二）故意隐瞒与订立合同有关的重要事实或者提供虚假情况；（三）有其他违背诚实信用原则的行为。"

从本案来看，原、被告双方虽达成赠予的合意，但因被告未实际交付100万元，因此双方仍然处于合同的订立阶段，原、被告均未受到合同的拘束。但是双方在法律上的联系显然已形成了，被告两次向原告作出正式允诺，愿捐款100万元，尤其是在5月25日，被告提出其捐款将在9月底到位，在此之前请原告作好开工准备，包括准备必要的配套资金。这些允诺足以使原告产生合理信赖，即信赖被告将会实际交付100万元。此处的原告产生合理信赖是指只要是一个合理的人，面对被告人的这些允诺，就是会信赖被告将会实际交付赠予物的。如果面对被告的允诺，只有原告过于轻信才会产生上述信赖，则不能认为是一种合理信赖。原告拆房借款正是基于上述合理信赖，而最后因被告没有支付资金，遭到了较大损失。

另外，原告如果只证明被告的允诺使其产生了合理信赖，且因被告撤回允诺使其蒙受信赖利益的损失,而没有证据证明被告作出允诺和撤回允诺是有过错的,那么仍然不能根据缔约上的过失请求赔偿。不过从本案来看,被告的过错是显而易见的。因为在被告作出赠予100万元时,没有对自己的赠予能力进行仔细考虑,不顾自身财力就轻率允诺,尤其是他也没有想到自己所从事的经营是有风险的,一旦亏损就有可能无足够的资金捐款。被告毫不考虑这些客观情况而盲目允诺,显然与依诚实信用原则所产生的附随义务是相违背的,因此具有缔约上的过失。据此,被告负有赔偿原告损失的责任,即原、被告间缔约过失之债存在。

第六节 单方允诺之债

>>单方允诺的概念

单方允诺,是指表意人通过预先为自己设定某种义务,为不特定的相对人设立某项权利,仅凭其一方意思表示就可以成立的单方法律行为。

>>单方允诺的特征

单方允诺作为债的发生根据之一,具有如下特征:

1.单方允诺是表意人单方的意思表示

单方允诺是表意人一方的意思表示,不需要向对方对其意思表示进行承诺,因而有别于单务合同。单务合同的内容虽然是一方当事人负担债务而另一方当事人不负担义务,但毕竟是合同,因此,单务合同的成立需要合同关系中双方当事人的意思表示达成一致。

2.单方允诺一般是表意人向社会上不特定的人发出

单方允诺的当事人一方是表意人,而另一方却是不特定的人。也就是说表意人所作出的意思表示的对象是社会上不特定的任何人。凡是符合单方允诺中所列的条件的人,都可以成为相对人,都可以取得表意人所允诺的权利。

3.单方允诺的内容是表意人为自己单方设定某种义务,使相对人取得某种权利

单方允诺不需要相对人付出对价,相对人对于表意人也不负实施某种特定行为的义务。也就是说法律允许民事主体根据需要,为自己设定单方义务并自愿承担由此发生的债务。当然,单方允诺的内容不能违反法律规定和公序良俗。

4.单方允诺之债在相对人符合表意人单方意思表示所列条件时才发生

由于单方允诺的表意人往往在其单方意思表示中提出相对人取得权利的条件,因而在表意人作出意思表示时相对人是不确定的。由于债的关系的主体都应是特定的,因而在相对人不确定时单方允诺之债并不成立,也就是说在表意人作出单方意思表示时债的关系并不成立,只有当具备条件的相对人出现时,单方允诺之债才对双方当事人成立并生效。换句话说,单方允诺之债为附条件之债。

>>单方允诺的类型

我国《民法通则》中没有关于单方允诺的具体规定,但司法实务中出现过因单方允诺产生的纠纷,最高人民法院公报中也刊载过典型的单方允诺纠纷案件。日常单方允诺包括悬赏广告和设定幸运奖两种形式。下面就这两种单方允诺行为逐一阐述。

(一)悬赏广告

悬赏广告是最为常见的单方允诺的形式。悬赏广告是指以广告的方式公开表示对于完成一定行为的人,给予报酬的意思表示。典型的悬赏广告有寻找失踪人、有奖征集产品标志或广告词、有奖竞猜等形式。

1.悬赏广告的性质

在悬赏广告的性质上现在主要存在两种学说。

一种是单独行为说,也就是单方允诺说。该种学说认为悬赏广告是广告人单方的意思表示,该意思表示中广告方负担债务是以一定行为的完成为其生效要件。也就是说,相对人一定行为的完成,并非对广告所作的承诺,而是债务发生的条件。

另一种是契约说。该种学说认为悬赏广告不是独立的法律行为,而是广告发布人对不特定的人发出的要约,只有在相对人完成广告内容所指的特定行为时,也就是相对人作出了承诺时,在广告发布人与相对人之间方成立合同关系。

2.与契约说比较而言单独行为说的优点

(1)有利于维护当事人的利益。依单独行为说,不仅可以使不知有广告而完成一定行为的人享有报酬请求权,也可以使限制民事行为能力人、无民事行为能力人因完成一定的行为享有报酬请求权,这既有益于行为人,也有益于广告人目的快捷实现。

(2)有利于维护交易安全。依单独行为说,悬赏广告为单方允诺,广告人所负担的债务于一定行为完成时即应成立,简明扼要,易于把握。而依契约说,在何种情形下才为承诺,学说上意见殊不一致,意见分歧,难以定论。显然不如采用单独行为说有益于交易安全。

3.悬赏广告的构成要件

(1)广告的对象和形式需符合要求。广告人必须向不特定的任何人以广告的方式作出意思表示。所谓以广告的形式,是指向不特定的人以言词、书面或电视、广播等形式广而告之。

(2)广告的内容必须有悬赏。即广告人有对完成特定行为之人允诺给付一定报酬或奖金的意思表示。报酬的种类,当然不只包括财产上的利益,社会上的荣誉也可作为报酬;报酬的数额,可以在广告发布时数额就已经确定,也可以是在广告发布时具体数额不确定,但有一定的方法对报酬的数额加以确定。

(3)广告中必须明确要求相对人完成一定的行为。此一定的行为,或为提供某种线索,或为提交某件作品,或者是广告人要求的其他特定行为;此一定的行为可以是对广告人有利的行为,也可以是对广告人不利的行为。如果广告中指定的行为是一定事项的通告或含有须将完成的事实通知给广告人时,则在通告未到达广告人之前,不能认为已完成指定行为。

4.悬赏广告的效力

悬赏广告的效力是指广告人的悬赏行为在法律上产生的后果。悬赏广告的债权债务关系的发生以行为人完成广告中所指定的行为为条件。当完成指定行为为一人时,该行为人享有报酬请求权。无论行为人完成行为时是否知道有悬赏广告的存在,均不影响其报酬请求权。

当完成指定行为为数人时,应当分情况不同对待:第一,当数人分别先后完成指定行为的,应以完成行为在先者享有报酬请求权。如果广告中除规定完成指定行为外,尚须通告广告人的,则以通告到达的先后为准。完成指定行为有时间限制的,以于该期限内最先完成指定行为的人为请求权人。第二,当数人同时分别完成指定行为的,各完成人有以平等的比例分受报酬的权利。第三,当数人共同完成指定行为,除广告人特别禁止共同完成的外,就成立对于同一债务的多数债权人。

5.悬赏广告的撤销

在一定情形下,广告发布人有权撤销自己所发布的悬赏广告。撤销悬赏广告应具备以下条件:

(1)撤销悬赏广告须在行为人完成指定行为之前作出。

(2)撤销悬赏广告须以与原广告相同的方式作出。

(3)广告人未抛弃撤销权。

广告人享有撤销权,可能使相对人陷于不安,从而影响广告人目的实现,广告人基于种种考虑,可以在悬赏广告中作出抛弃撤销权的表示,或者以默示的方式抛弃撤销权。

(二)设定幸运奖

单方允诺除以悬赏广告为主要类型外,还有设定幸运奖这种形式。现代生活中某些民事主体通过设定幸运奖项,向随机选取的人给付一定的奖品或奖金的方式，扩大自己的商业影响或者吸引广大顾客，从而达到自己的商业目的。

幸运奖的获得者被设奖者选定后，即在设奖人与获奖人之间产生了以给付奖品或奖金为内容的债权债务关系，设奖人有给付奖品或奖金的义务，获奖人有取得奖品或奖金的权利。

>>经典案例

吴某之前是甲医院职工。1983 年，医院为使职工住宅建房基地短缺问题得到解决，召开全院职工大会，动员本院职工为寻找建房基地提供信息，明确宣布本院职工为寻找落实建房基地作出直接努力的，医院奖励住房，但奖励住房的地段、规格、面积等没有进一步明确。

1985 年，吴某向医院提供了某地块可拆迁的信息后，经各方努力，落实了建房基地，吴某也被调入该基地联建组工作。1987 年，联建组为使有关奖励房屋事宜得到落实，特向医院领导呈报了《关于吴某的奖励住房问题》的专题报告，建议院领导在吴某继续积极主动努力工作的基础上，在建成住宅后，给吴某奖励一套住房面积不少于 22.4 米^{2}的住房。该院院长在此报告上作出同意的批示。

1990 年 5 月，吴某因工作严重失职，造成甲医院重大经济损失；1992 年 5 月又因旷工违纪而被除名。1993 年，大楼建成后，医院以吴某的奖励住房资格已丧失为由，拒绝奖励吴某住房。吴某于是于 1993 年 6 月向法院提起诉讼，请求法院判令甲医院给付其一套不少于 22.4 米^2 的住房。

法院经审理认为：悬赏广告是悬赏广告人以广告的形式声明对完成悬赏广告中规定的特定行为的任何人，给付广告中承诺的报酬的行为。悬赏广告指定行为的完成人，是悬赏广告中的债权人，其有权请求悬赏广告人按广告的承诺无条件及时履行给付报酬的义务。本案中，在全院职工大会上，甲医院时任领导为寻找建房基地提供信息，在全院职工面前承诺，谁找到落实基地即奖励谁房屋，是甲医院对该院范围内不特定的人所发布的广告，该广告内容意思表示明确、真实，之后该表示甲医院也并没有撤销;甲医院领导在1987年11月24日报告上的批示又补充了上述广告内容,即明确表示只要找到就会奖励吴某一套不小于22.4米^{2}的住房。吴某经努力于1987年向甲医院提供了建房基地,应视为完成了甲医院广告指定的行为,有权请求甲医院按悬赏广告承诺奖励自己一套住房,而甲医院不愿兑现此承诺的行为,显属不当。

医院以吴某已与其脱离行政隶属关系为由拒绝奖励吴某住房,抗辩悬赏行为的成立及义务的履行,于法无据。因悬赏广告对奖励住房具体地段、规格并未作出明确规定,因此甲医院应依悬赏广告中公告的内容在市区范围内奖励吴某一套不少于22.4米^{2}的住房。该住房应为成套使用权房屋,房屋面积为实际居住面积。法院遂作出判决:甲医院给吴某提供市区范围内一套居住面积不少于22.4米^{2}的使用权住房。

>>律师在线

怎样认定悬赏广告的性质是本案的关键。关于悬赏广告的性质有单独行为说和契约说两种观点。单独行为说认为,悬赏广告是广告人一方的意思表示,由广告人负担债务,其生效要件是完成一定的行为;契约说认为,悬赏广告不是独立的法律行为,而是广告发布人对不特定人发出的要约,因此,要想这份契约能够成立,必须结合完成指定行为人的承诺。

在本案中,根据契约说,法院很难判定行为人在什么情形下对悬赏广告要约进行了承诺。究竟是从吴某开始着手寻找有关信息并把建房基地落实为承诺,还是在吴某寻找并落实建房基地之后,另外向甲医院作出意思表示为承诺,很难确定。另外,根据合同成立要件,必须具体确定要约的内容。本案中甲医院没有在其悬赏广告中将给付报酬的内容进一步具体化,应认为要约内容不具体确定,针对这样一个内容不具体确定的要约,要吴某作出有效承诺也是不可能的。

法院确定本悬赏广告的性质为单方行为,即悬赏广告是附条件的单方法律行为,由广告人单方为意思表示而承诺债务,其生效要件为完成的一定行为,并且判决时依此作为依据是比较妥当的。本案中,1983

年甲医院悬赏广告中寻找建房基地提供信息并最终落实建房基地是要求行为人完成指定行为的内容，奖励住房是对完成指定行为人给付报酬，但奖励住房的地段、规格和面积没有具体明确。1985 年，该院职工吴某向医院提供了某地块可拆迁的信息，后经各方努力，落实了该建房基地，应视为吴某完成了甲医院 1983 年悬赏广告中所指定的行为。根据单独行为说，一旦完成指定行为，即可发生债务关系。作为指定行为完成人的吴某是有权请求甲医院按悬赏广告内容履行给付报酬的义务的。也就是说行为人在完成悬赏广告中指定的行为后，广告人在通常情况下，不应寻找任何借口附加其他条件拒付报酬。故甲医院在将奖励报酬吴某不少于 22.4 米^2 的住房明确后，不能再就支付报酬附加吴某继续积极主动努力工作的条件，此种事后增加的条件显然是对吴某没有法律约束力的。

第七节 你问我答

问：债务纠纷该如何避免？

答：债务能如期履行是谁都希望的事，因为债务纠纷这种事情，没有人愿意看到。避免发生债务纠纷，就要通过一些方法来确保债务的履行。实际上，债务主要依靠债务人的行为实现，如果债务人的信用很差或者履行能力不够，那么债务的实现就存在着巨大的风险。现在是市场经济，赊销现象大量存在，只要有赊销现象存在，就不可避免地存在债务纠纷。从卖方角度来看，最好的做法是支付全部货款后再发货，但是这种做法不具有现实性，更何况企业之间存在竞争，如果不赊销，在竞争中就没法立足。如果卖方进行赊销，必须要对对方的资信情况，包括对方的资金实力情况等作一下了解，防止拖欠贷款。除此之外，债权人还应当通过适当的方式来确保债权的实现。那么，公民要想确保债务履行,可以通过怎样的方法呢?依照《民法通则》第八十九条的规定,可以采用下列方式担保债务的履行:①可以由保证人来担保债务的履行。法律规定,保证人向债权人保证债务人履行债务,债务人不履行债务的,按照约定由保证人履行或者承担连带责任;保证人履行债务后,有权向债务人追偿。②可以由债务人或第三人提供抵押物来进行抵押,确保债务的履行。债务人不履行债务时,债权人有权依照法律的规定以抵押物折价或者以变卖抵押物的价款优先得到偿还。③可以要求对方给付定金。法律规定,当事人一方在法律规定的范围内可以向对方给付定金。债务人履行债务后,定金应当抵作价款或者收回。给付定金的一方不履行债务的,无权要求返还定金;接受定金的一方不履行债务的,应当双倍返还定金。④可以按照合同的约定占有对方的财产,对方不按照合同给付应付款项超过约定期限的,占有人有权留置该财产,依照法律的规定以留置财产折价或者以变卖该财产的价款优先得到偿还。

综上所述,我们可以发现,在日常生活中,公民保证债务履行的方式有抵押、质押、保证、定金等。抵押和质押是比较复杂的法律问题,需要办理一系列的手续,如抵押登记等,因此,如果要办理抵押或质押,最好咨询或者寻求一下律师或者法律工作者的帮助。实践中,最好的方式是采用保证人保证。

问:什么是借款合同?

答:借款合同,是指借款人向贷款人借款,到期返还借款并支付利息的合同。其中,向对方借款的一方称为借款人,出借钱款的一方称为贷款人。借款合同依据贷款人的不同可以区分为金融机构借款合同和自然人间的借款合同。公民之间的借款行为,属于自然人之间的借款合同,可以有书面合同和口头合同两类。

问:如何签订借款合同?

答:在借款时,许多公民因为借款多发生在熟人之间,并不签订借款合同,出借人往往碍于情面不好意思让对方写个借条,更别提签订合同了。这里,请注意,无论是向别人借款,还是借款给别人,为避免发生争议时没有依据可查,最好写个借条、欠条或者签份合同。

根据《中华人民共和国合同法》第一百九十七条的规定:“借款合同采用书面形式,但自然人之间借款另有约定的除外。借款合同的内容包括借款种类、币种、用途、数额、利率、期限和还款方式等条款。”这条规定,说明了借款合同应当采用的方式以及主要条款。当事人在签订借款合同时,应当参照这条规定进行。尽量把借款合同订立得完善些。

问:对自己签订的合同是否有效,该怎样判断?

答:合同是否有效,意义重大。一旦发生了纠纷,合同是否有效将对判决结果产生直接影响。根据合同法的规定,合同的效力可以分为有效、无效、可撤销、可变更、附期限、效力未定等几种情况。

要从以下几个方面来判断自己签订的合同是否有效:

(1)首先看合同是否成立。合同生效的前提就是合同成立,也就是说要想合同生效,首先这个合同得是成立的。一般情况下,合同成立时同时也具备了生效的要件,合同成立和生效的时间是一致的。但也不是说合同成立了就一定生效,也就是说,并不是所有成立的合同都是生效的。这是因为,只有依法成立的合同,才对当事人具有法律约束力,如果合同不是依法成立的,也就谈不上所谓的法律约束力了。

(2)其次要注意合同的各个要件是否具备。合同生效要包括实质要件、形式要件、程序要件以及生效要件。只有备齐这些要件,合同才能生效,否则,对双方当事人既不受法律的保护,也没有法律效力。

(3)不能违反法律的禁止性规定。有下列情形之一的,合同无效:一方以欺诈、胁迫的手段订立合同,损害国家利益;恶意串通,损害国家、集体或者第三人利益;以合法形式掩盖非法目的;损害社会公共利益;违反法律、行政法规的强制性规定。

只有具备上述三个条件,签订的合同才有可能是有效的。

问:为防止违约,是否可以把违约金定得高些?

答:双方可以在借款合同中,自行约定违约责任。怎样约定违约责任,法律对此并没有具体的规定。《中华人民共和国合同法》第一百一十四条规定:"当事人可以约定一方违约时应当根据违约情况向对方支付一定数额的违约金,也可以约定因违约产生的损失赔偿额的计算方法。约定的违约金低于造成的损失的,当事人可以请求人民法院或者仲裁机构予以增加;约定的违约金过分高于造成的损失的,当事人可以请求人民法院或者仲裁机构予以适当减少。当事人就迟延履行约定违约金的,违约方支付违约金后,还应当履行债务。"

一般情况下,合同双方约定违约金,只要数额不超过本金即可。如果违约责任确定得太高对一方不公平的话,觉得不公平的一方可以申请法院予以减少。比如借款100万,违约金定为100万,这样就属于约定的违约金过高,法院可以酌情降低违约金。

再举一个具体的例子,甲、乙二人签订了一个标的为10万元的合同,约定一方违约时应承担1万元的违约金。后甲违约,给乙造成8000元的损失,这时,乙请求法院判决甲承担的违约金最多1万元;若乙的损失额为2万元,则最多能要求乙赔偿2万元的损失;若乙损失1000元,那么就存在约定的违约金过高的问题,则甲可以向法院请求适当减少违约金数额,法院可以在1000元与1万元之间确定一个恰当的数额。

所以说,为防止违约,在一定程度上约定适当的违约金是可以的,但是违约金约定过高则不见得能起作用。

问:借款能利滚利吗?借款能否预先扣除利息?

答:都不能。根据《最高人民法院关于贯彻执行<中华人民共和国民法通则>若干问题的意见》第一百二十五条的规定:"公民之间的借贷,出借人将利息计入本金计算复利的,不予保护;在借款时将利息扣除的,应当按实际出借款数计息。"此外,《中华人民共和国合同法》第二百条规定:"借款的利息不得预先在本金中扣除。利息预先在本金中扣除的,应当按照实际借款数额返还借款并计算利息。"

问:什么是承揽合同?因承揽合同产生的债务纠纷该怎样处理?

答:承揽合同是承揽人按照定作人的要求完成工作,交付工作成果,定作人给付报酬的合同。它以完成一定工作为目的,承揽人完成工作具有一定的独立性,其定作物也有一定的特定性。承揽合同具体可以分为如下具体合同:加工合同、定作合同、修理合同、复制合同、测试合同、检验合同。

解决因承揽合同发生的债务纠纷,要对承揽合同中双方的权利义务以及法律对承揽合同的具体规定进行了解。首先,承揽人应当以自己的设备、技术和劳力完成主要工作,但当事人另有约定的除外。承揽人交由第三人完成其承揽的主要工作的,应当向定作人承担由第三人完成的工作成果带来的责任;没有经定作人同意的,定作人也可以将合同解除。承揽人提供材料的,承揽人应当按照约定选用材料,并接受定作人检验。定作人提供材料的,定作人应当按照约定提供材料。承揽人应当及时检验定作人提供的材料,发现与约定不符合时,应当通知定作人及时更换、补齐或者采取其他补救措施。承揽人不得擅自更换定作人提供的材料,不得更换不需要修理的零部件。定作人如果因将承揽工作的要求中途变更,而造成承揽人损失的,应当赔偿承揽人的损失。承揽人交付的工作成果不符合质量要求的,定作人可以要求承揽人承担修理、重作、减少报酬、赔偿损失等违约责任。定作人没有报酬或者材料费等价款支付给承揽人的,承揽人享有对完成的工作成果的留置权,但当事人另有约定的除外。

问:因他人的过错造成违约的,该由谁承担责任?

答:根据《合同法》第一百二十一条的规定:“当事人一方因第三人的原因造成违约的,应当向对方承担违约责任。当事人一方和第三人之间的纠纷,依照法律规定或者按照约定解决。”

举个例子,假如张某打伤了王某,导致王某没有办法按时对与吴某的合同予以履行,使吴某遭受了一定的损失。此时,王某要对吴某承担违约责任,而王某因此受到的损失可以另案向王某索赔。

第四章 债的保全与担保

第一节 债的保全的概述

>>债的保全的概念

债的保全是指法律为防止因债务人的财产不当减少而给债权人的债权带来危害,允许债权人代债务人之位向第三人行使债务人的权利,或者请求法院撤销债务人与第三人的法律行为的法律制度。其中债权人代债务人之位以自己的名义向第三人行使债务人的权利的法律制度称为债权人代位权制度;债权人请求法院撤销债务人与第三人的法律行为的制度称为债权人的撤销权制度。

债的保全是对于第三人发生的效力,亦是债的对外效力的表现。债的关系原则上不对第三人发生效力,但为确保债权人的权利实现,在某些情况下,债对第三人也发生效力。其典型的情形即为债的保全制度。

立法者为何要突破债的相对性原则,赋予债权人代位权与撤销权?其立法基础在于保证债务人的责任财产,从而保证债权的实现。债务人的总财产即其责任财产的状况,直接影响着债权人债权实现。为防止责任财产的减少危害债权人的债权实现,固然可以通过特别担保手段来保障债权实现,但特别担保亦有弱点,例如,抵押权的设立是在登记的前提下,而留置权则限于特定的债权关系,保证需要经保证人同意等。有鉴于此,在法律规定特别担保制度和违约责任制度之外,有设置代位权和撤销权制度的必要,它的目的就在于防止债权人不当减损其财产。

>>债的保全与其他维护债权人利益制度的比较

在民法上,对债权实现的救济方式有三大类。

1.债的担保制度

所谓债的担保是指为了促进债权人的债权得以实现,根据法律的规定或合同的约定,由第三人进行保证或以债务人或第三人的特定财产进行担保的法律制度。其包括保证、抵押、质押、留置、定金等特殊担保方式。当债务人不履行债务时,债权人可以主张特殊担保上的权利来实现自己的债权。

这些特殊担保方式虽然不受或者较少受债务人财产状况的影响,对于债权人债权的实现有着重要的保障作用,但这些担保方式也存在弱点。如保证担保虽有书面保证合同,仍会存在保证人一般责任财产减少而损害债权实现的情形;抵押权的设立须当事人特别订立书面合同,有的抵押权的设立还需办理登记;留置权的成立和行使必须符合法定条件,等等。这些担保方式仅对在债务人或第三人的财产上设定了担保的债权人提供保护,对于无担保的债权人来说无能为力。

2.民事责任中的损害赔偿制度

虽然损害赔偿制度的存在,会给债务人产生无形的压力,促使债务人积极而适当地履行债务,否则要以其全部财产承担不履行债务的法律责任,但其更为现实的作用却是在债务人不履行债务时,债权人可以要求债务人承担债务违反的法律责任。由于此种责任往往是在发生债务违反的情形后的补救措施,只能制裁债务人于债务违反之后。而且损害赔偿涉及强制执行的财产又仅能针对债务人现有的财产,对于债务人已经积极或者消极减少的财产,就不能成为债权人债权实现的标的。此外,债权不具有追及性,一般担保中的财产被转让给他人时,已被转让的部分就丧失了一般担保的功能,其结果往往就会产生有损于债权人的不利结果。这当然也是损害赔偿责任制度的缺陷所在。

3.债的保全制度

债的保全一方面为没有设立特别担保的债权人提供了保障,另一方面也能够起到防患于未然的作用。这就很好地弥补了其他债权救济方式的缺陷,达到对债权人债权的实现进一步保护的效果,因此,可以说,债的保全制度与债的担保制度、债的责任制度相互配合,从不同的角度共同担负着保障债权人权利实现的任务。

债的保全制度包括债权人的代位权和撤销权两个方面的具体制度。债权人的代位权着眼于债务人的消极行为,当债务人有权利而不积极行使,以致影响债权人的权利实现时,法律允许债权人代债务人之位,以自己的名义向第三人请求履行债务;而撤销权则是着眼于债务人的积极行为,当债务人实施减少财产的行为从而损害债权人债权实现时,法律允许债权人诉请法院撤销债务人的行为。代位权是为保持债务人的责任财产而设,撤销权是为恢复债务人的责任财产而设。债的保全制度从两方面实现了对债权的积极保障与消极保障,对债权人债权的实现起着积极的预防作用,成为现代各国债法中不可或缺的制度。

第二节　代位权

>>债权人的代位权的概念

债权人代位权,是指债权人为了保全其债权,而于债务人怠于行使自己的权利而害及债权人债权实现时,得以自己的名义代位行使属于债务人权利的权利。简言之,债权人的代位权就是债权人代债务人之位以自己名义行使债务人权利的权利。

债权人的代位权在近现代许多国家的法上都有规定。例如,《法国民法典》第一千一百六十六条中规定:“债权人得行使其债务人的一切权利和诉权。但权利和诉权专属于债务人个人者,不在此限。”《日本民法典》第四百二十三条规定:“债权人为保全自己的债权,得行使属于其债务人的权利。但专属于债务人一身的权利,不在此限。”“债权人,在其债权的期限未届至期间,非依裁判上代位,不得行使前项的权利。但保存行为,不在此限。”我国《民法通则》中未规定债权人的代位权,而在《合同法》第七十三条作了规定:“因债务人怠于行使其到期债权,对债权人造成损害的,债权人可以向人民法院请求以自己的名义代位行使债务人的债权,但该债权专属于债务人自身的除外。”“代位权的行使范围以债权人的债权为限。债权人行使代位权的必要费用,由债务人负担。”

>>债权人代位权成立的要件

债权人的代位虽为债权人固有的权利,但也须具备一定的条件才能成立。债权人代位权的成立条件有以下几项:

1.须债务人对第三人享有权利并怠于行使其权利

债务人对于第三人享有的权利为债权人代位权的标的。债务人对第三人享有权利,为债权人代位权成立的条件。另外,得代位行使的权利必须非专属于债权人本身的权利,基于抚养、扶养、赡养、继承等人身关系产生的给付请求权不得由债权人代位行使。

怠于行使其权利是指应行使并且能行使而不行使其权利,法释【1999】19 号第十三条,将其界定为“债务人不履行其对债权人的到期债务,又不以诉讼或者仲裁方式向其债务人主张其享有的具有金钱给付内容的到期债权”。

次债务人不认为债务人有怠于行使到期债权情况的,应当承担举证责任(法释【1999】19 号第十三条二款)。

2.须债务人履行债务迟延

所谓债务人履行迟延,是指债务人于履行债务的期限届满而未履行债务。若债务人的债务履行期未届至,或者虽到履行期但履行期限未届满，则债务人是否能履行债务尚不确定，债权人的债权是否有不受清偿的可能尚不清楚。于此情况下，债权人自不能代位行使债务人的权利。但是若债权人的代位权是专为保全债务人权利的保存行为，其目的在于防止债务人权利的变更或消灭的，虽债务人的债务清偿期未届至，债权人也得行使代位权。例如，时效的中断，保存登记，第三人破产时的债权申报等，因为此类行为对于债务人并无不利，所以债权人得于债务人履行迟延前行使代位权。

3.须债权人有保全债权的必要

所谓有保全权利的必要，是指债务人怠于行使权利使债权人的债权有不能实现的危险。因为代位权是以保全债权为目的，若无保全债权的必要，也就无成立代位权的必要。例如，债务人虽怠于行使对第三人的权利，但债务人有足够的财产清偿债务，债务人不为清偿时，债权人请求法院强制执行，自可保障其债权的实现。于此情形下，债权人自无保全债权的必要，也就不成立债权人代位权。

>>债权人代位权的行使

（1）债权人的代位权，应由债权人以自己的名义行使。凡债务人的债权人，只要符合债权人代化权的成立条件，均享有代位权（法释【1999】19 号第十六条）。但若某一债权人已行使代位权时，其他债权人不得再就债务人的同一权利行使代位权。

在代位权诉讼中，次债务人对债务人的抗辩以及次债务人对代位权成立的抗辩均可对债权人主张（法释【1999】19 号第十八条）。

（2）债权人行使代位权，应依诉讼的方式为之。要求债权人以诉讼的方式行使代位权，能有效地防止债权人、债务人、次债务人之间发生不必要的纠纷。

（3）债权人代位权行使的范围，应以保全债权人债权的必要为限度，即以债权人的债权为限。若债务人享有数项权利时，债权人就某一项权利行使代位权已可满足清偿其债权的需要，则不得再对债务人的其他权利行使代位权。债权人行使代位权，应以善良管理人的注意为之,不得处分债务人的权利。

(4)债权人行使代位权时,应尽善良管理人的义务,且应当通知债务人。

>>债权人代位权行使的效力

1.对于债务人的效力

债权人代位权行使的效果直接归属于债务人。尽管第三人债务人给付时,若债务人不受领,债权人得代为受领,但债权人于受领后,应将其取得的利益归还债务人,债务人也得请求债权人交付其受领的财产,此即为“入库规则”。因为代位权行使的是债务人的权利,其所得利益为债务人的财产。

债权人因代位权的行使对次债务人提起诉讼而受判决时,若债务人未参加诉讼或未被告知诉讼,该判决的效力是否亦及于债务人?

对此有不同观点。多数学者认为其效力应及于债务人。

2.对于次债务人的效力

债权人代位权的行使系代债务人行使对次债务人的权利,于此情形下次债务人的地位不能较债务人自己行使权利时不利。因此,次债务人对于债务人所有的于代位权行使前发生的抗辩,均得以之对抗债权人。

3.对于债权人的效力

债权人行使代位权是代债务人行使权利,因行使代位权所得的财产为债务人的一般财产,所以债权人不能优先受偿,非经债务人同意也不能直接以代受领的财产受偿。债权人因行使代位权所付出的费用,得请求债务人偿还,并得就此费用的偿还请求对次债务人的给付物成立留置权(法释【1999】19 号第十九、二十六条)。

>>有关代位权的法律规定

《最高人民法院关于适用〈中华人民共和国合同法〉若干问题的解释(一)》对代位权作了如下解释:

第十一条　债权人依照合同法第七十三条的规定提起代位权诉讼,应当符合下列条件:

(一)债权人对债务人的债权合法;

(二)债务人怠于行使其到期债权,对债权人造成损害;

(三)债务人的债权已到期;

(四)债务人的债权不是专属于债务人自身的债权。

第十二条　合同法第七十三条第一款规定的专属于债务人自身的债权,是指基于扶养关系、赡养关系、继承关系产生的给付请求权和劳动报酬、退休金、养老金、抚恤金、安置费、人寿保险、人身伤害赔偿请求权等权利。

第十三条　合同法第七十三条规定的"债务人怠于行使其到期债权,对债权人造成损害的",是指债务人不履行其对债权人的到期债务,又不以诉讼方式或者仲裁方式向其债务人主张其享有的具有金钱给付内容的到期债权,致使债权人的到期债权未能实现。

次债务人(即债务人的债务人)不认为债务人有怠于行使其到期债权情况的,应当承担举证责任。

第十四条　债权人依照合同法第七十三条的规定提起代位权诉讼的,由被告住所地人民法院管辖。

第十五条　债权人向人民法院起诉债务人以后,又向同一人民法院对次债务人提起代位权诉讼,符合本解释第十三条的规定和《中华人民共和国民事诉讼法》第一百零八条规定的起诉条件的,应当立案受理;不符合本解释第十三条规定的,告知债权人向次债务人住所地人民法院另行起诉。

受理代位权诉讼的人民法院在债权人起诉债务人的诉讼裁决发生法律效力以前,应当依照《中华人民共和国民事诉讼法》第一百三十六条第(五)项的规定中止代位权诉讼。

第十六条　债权人以次债务人为被告向人民法院年起代位权诉讼,未将债务人列为第三人的,人民法院可以追加债务人为第三人。

两个或者两个以上债权人以同一次债务人为被告提起代位权诉讼

的,人民法院可以合并审理。

第十七条 在代位权诉讼中,债权人请求人民法院对次债务人的财产采取保全措施的,应当提供相应的财产担保。

第十八条 在代位权诉讼中,次债务人对债务人的抗辩,可以向债权人主张。

债务人在代位权诉讼中对债权人的债权提出异议,经审查异议成立的,人民法院应当裁定驳回债权人的起诉。

第十九条 在代位权诉讼中,债权人胜诉的,诉讼费由次债务人负担,从实现的债权中优先支付。

第二十条 债权人向次债务人提起代位权诉讼经人民法院审理后认定代位权成立的,由次债务人向债权人履行清偿义务,债权人与债务人、债务人与次债务人之间相应的债权债务关系即予消灭。

第二十一条 在代位权诉讼中,债权人行使代位权的请求数额超过债务人所负债务额或者超过次债务人对债务人所负债务额的,对超出部分人民法院不予支持。

第二十二条 债务人在代位权诉讼中,对超过债权人代位请求数额的债权部分起诉次债务人的,人民法院应当告之其向有管辖权的人民法院起诉。

债务人的起诉符合法定条件的,人民法院应当受理;受理债务人起诉的人民法院在代位权诉讼裁决发生法律效力以前,应当依法中止。

>>经典案例

被告在2002年4月25日开办公司时,曾向原告借款100万元作为开办费,同年11月26日,被告因公司出现财政危机,又向被告借款50万元,总计150万元。被告向原告约定说,将于2004年11月底以前全部还清。但是在还款期到来后,被告未按期付款,原告多次催要,但被告多次以公司困难为由,拖延还款日期。最后一次,被告指出,公司的一个大客户还欠公司200万元的合同款,双方已经约定,于2005年5月底以前向被告全部支付,待这笔合同款支付后,被告将立即还清原告欠款。此次,被告还与原告签订了一份协议,内容为:被告"应于 2005 年 5 月底以前客户还款之后还清欠款"。但协议时间到了以后,被告依然没有归还原告欠款。为此,原告找到被告提供的欠款客户,据客户称,已经向被告公司支付了 100 万元的合同款,另 100 万元因被告提出将与进出口公司联营成立一新公司,因此延缓支付。针对这一情况,原告找到被告,要求立即还清欠款 150 万。但被告却以协议中规定的客户还未还清合同款为由,拒绝向原告还款。为此,原告向法院起诉,要求被告和第三人支付欠款。

>>律师在线

本案例主要涉及债权人的代位权的问题。

《中华人民共和国合同法》第六十四条:当事人约定由债务人向第三人履行债务的,债务人未向第三人履行债务或者履行债务不符合约定,应当向债权人承担违约责任。

第六十五条:当事人约定由第三人向债权人履行债务的,第三人不履行债务或者履行债务不符合约定,债务人应当向债权人承担违约责任。

第七十三条:因债务人怠于行使其到期债权,对债权人造成损害的,债权人可以向人民法院请求以自己的名义代位行使债务人的债权,但该债权专属于债务人自身的除外。

《最高人民法院关于适用<中华人民共和国合同法>若干问题的解释(一)》第十一条:债权人依照《合同法》第七十三条的规定提起代位权诉讼,应当符合下列条件:

(一)债权人对债务人的债权合法;

(二)债务人怠于行使其到期债权,对债权人造成损害;

(三)债务人的债权已经到期;

(四)债务人的债权不是专属于自身的债权。

《最高人民法院关于适用<中华人民共和国民事诉讼法>若干问题的意见》第三百条:被执行人不能清偿债务,但对第三人享有到期债权的，人民法院可依申请执行人的申请，通知该第三人向申请执行人履行债务。该第三人对债务没有异议但又在通知指定的期限内不履行的，人民法院可以强制执行。

根据合同的相对性原理，合同关系只存在于合同订立的双方，也就是说，案例中，作为债权人的原告不能直接起诉第三人（即原告客户）。但是原告作为债权人可以行使其债权人的代位权，以保护其债权。案例中原告几次违反约定，拖延还款日期，根据有关法律，已经构成违约，原告可以对其进行起诉，而法院也会依法追究其责任。此外，虽然原告不能直接要求第三人将合同款还给自己，但有权行使其代位权，请求第三人及时还清其对被告的欠款。

第三节 撤销权

>>债权人撤销权的概念

债权人撤销权，又称废罢诉权，是指当债务人所为的减少其财产的行为危害债权实现时，债权人为保全债权得请求法院予以撤销该行为的权利。

债权人的撤销权源于《罗马法》的保罗诉权，为保罗所创。《法国民法典》第一千一百六十七条、《日本民法典》第四百二十四条以及我国台湾地区“民法”第二百四十四条均规定有债权人的撤销权，德国和瑞士则在特别法中规定了撤销权。

我国《民法通则》中未规定债权人的撤销权。最高人民法院《关于贯彻执行<中华人民共和国民法通则>若干问题的意见（试行）》第一百三十条规定：“赠与人为了逃避应履行的法定义务，将自己的财产赠与他人，如果利害关系人主张权利的，应当认定赠与无效。”《合同法》则进一步明确规定了债权人的撤销权。该法第七十四条规定:“因债务人放弃其到期债权或者无偿转让财产,对债权人造成损害的,债权人可以请求人民法院撤销债务人的行为。债务人以明显不合理的低价转让财产,对债权人造成损害,并且受让人知道该情形的,债权人也可以请求人民法院撤销债务人的行为。”“撤销权的行使范围以债权人的债权为限。债权人行使撤销权的必要费用,由债务人负担”。由于《合同法》对债权人撤销权的规定过于简单,1999 年最高人民法院颁行的《关于适用<中华人民共和国合同法>若干问题的解释(一)》第二十三至二十六条对债权人撤销权作了规定,以上规定构成了我国债权人撤销制度的渊源。

>>债权人撤销权的成立条件

债权人撤销权的成立要件可分为客观要件与主观要件,并且依债务人所为的行为是否有偿而有所不同。

(一)客观要件

1.须存在致害债权人债权的行为

《合同法》第七十四条第一款规定的债权人可以撤销的债务人的行为包括三种,即放弃到期债权的行为;无偿转让财产的行为;以明显不合理的低价转让财产的行为。该种规定按撤销权的目的太过狭窄,据此应采用扩张解释的方法,将其解释为债务人致害债权人行为的列举。《破产法》三十一条、三十二条的规定,债务人以其财产设定抵押、质押,交付定金,以及在清偿能力不足的情况下仍对个别债权人的清偿行为均可以撤销,结合《破产法》这两条来看,凡是致害债权人债权的行为均可以作为撤销的标的。

致害行为应当是由债务人实施的,债务人之外的人实施的法律行为不能作为撤销对象。例如,为了债务人而约定对自己的不动产设定抵押权的人,让与其不动产的行为。

2.致害行为必须以财产为标的

债务人的行为非以财产为标的者不得予以撤销。如此,结婚、离婚、收养、继承的抛弃等非以财产为标的行为不得撤销。以不作为债务发生为目的的民事行为，以提供劳务为目的法律行为，财产上利益的拒绝行为，已不得扣押财产为标的的行为，均不得作为债权人撤销的标的。

3.须债务人的行为有害债权

所谓有害债权，是指债务人的行为足以减少其一般财产而使债权不能完全受清偿。有害债权的行为具体表现为两种情况：一为减少积极财产，如让与所有权、设定他物权等；二为增加消极财产，如负担新的债务等。现存财产的变形，如买卖、互易等不一定导致财产价值的减少，因此，不能一概成为撤销的标的。

财产利益的拒绝行为虽然也以财产为标的，但由于其不会导致债务人财产的增加或减少，所以并未纳入债权人撤销权制度的势力范围。如放弃继承权或遗赠、拒绝第三人承担债务，拒绝赠与要约等。

是否有害债权一般采“无资力说”作为判断标准，但何为“无资力”，各国民法理解不同，其中瑞士以债务超过为要件，德国以支付不能为要件。我国也普遍采用“债务超过说”，即于债务人为行为时，债务人的其他资产不足以满足一般债权人的要求，即为无资力。如果债务人因一定原因不能按期清偿债权人的债权，而债务人又有担保物的，只有在此担保物的价值不足清偿债权数额时，债权人才有权利行使撤销权，如果担保物的价值足以担保债权的受偿，而且债务人的行为不害及债权，那么，债权人不能行使撤销权。

（二）主观要件

依据我国《合同法》七十四条，无偿行为的撤销只需要具备客观要件。而有偿行为的撤销除具备客观要件外，还需具备主观要件即债务人与第三人主观上有恶意。无偿行为的撤销无需具备主观要件的原因在于，债务人无资力而为无偿行为，其有害债权，至为明显，况且无偿行为的撤销，仅使受益人失去无偿所得的利益，并未受其他损害，法律理应先考虑保护债权受危害的债权人利益而不应先保护无偿取得利益的第三人。

1.债务人的恶意

债务人的恶意是指债务人明知有损害债权人的权利,仍为损害债权的行为。债务人有无恶意,一般应实行推定原则,即只要债务人实施行为而使其无资力,就推定为有恶意。

2.受益人(第三人)的恶意

受益人的恶意以其知道其所为有偿行为会害及债权为已足,而不须对债务人有害及债权的串通。受益人的恶意,则应由债权人证明,但结合具体情况应为受益人知晓的,可以推定受益人为恶意。受益人必须在受益时为恶意,受益人受利益与债务人行为在时间上不一致时,只要在受益时为恶意,不论行为时是善意或恶意,就认定为恶意。

>>债权人撤销权的行使

1.撤销权的行使主体

债权人的撤销权由债权人行使。凡于债务人为有害债权行为前有效成立的债权,债权人均可行使撤销权。因撤销权的行使于第三人有重大利害关系,因此,债权人的撤销权,须由债权人以自己的名义依诉讼方式为之。之所以要求以诉讼的形式行使,是因为债权人撤销权对于第三人利害关系重大,应由法院审查避免撤销权滥用。

2.债权人行使撤销权应以何人为被告,依对撤销权性质的认识不同而有不同

依我国学术界通说,债权人行使撤销权自应以债务人与债务人为行为的相对人以及利益转得人为共同被告。但法释【1999】19号二十四条规定,债权人应以债务人为被告,未将受益人或者受让人列为第三人的,人民法院可以追加该受益人或者受让人为第三人。

3.撤销权行使的范围

按照《合同法》的规定,撤销权行使的范围以债权人的债权为限。

4.撤销权的除斥期间

债权人的撤销权如同其他撤销权一样,应有除斥期间。债权人自应于权利行使期间内行使,除斥期间届满后,债权人的撤销权即消灭。

依《合同法》第七十五条规定:"撤销权自债权人知道或者应当知道撤销事由之日起 1 年内行使。自债务人的行为发生之日起 5 年内没有行使撤销权的,该撤销权消灭。"

>>债权人撤销权行使的效力

对于债务人,债务人的行为一经被撤销,视为自始无效。例加,为财产赠与的,视为未赠与;为放弃债权的,视为未放弃。

对于受益人,已受领债务人的财产的,应当返还之。原物不能返还的,应当折价返还其利益。受益人已向债务人支付对价的,得向债务人主张返还不当得利。

对于债权人,依据"入库规则",行使撤销权的债权人得请求受益人将所得利益返还给债务人。不过,为了限制债务人不予受领或者再施处分,在解释上宜认为可由行使撤销权的债权人代为受领。但行使撤销权的债权人不得从受领的给付物中优先受偿。如该债权人依强制执行程序请求受偿时,全体债权人得申请参与按比例分配。但若行使撤销权的债权人的债权与返还的财产发生抵销状态时,债权人得依抵销方式实际享有优先受偿效果。

债权人行使撤销权的必要费用,由债务人负担,第三人有过错的,应当适当分担。由于此种费用是为实现全体债权人的债权而支付的,所以应作为共益费用,行使撤销权的债权人享有该部分费用的优先受偿权,但在债权人通过抵销事实上优先受偿的场合,该部分费用不再作为共益费用享有优先受偿权。

>>有关撤销权的法律规定

《最高人民法院关于适用〈中华人民共和国合同法〉若干问题的解释(一)》对撤销权作了如下解释:

第二十三条　债权人依照合同法第七十四条的规定提起撤销权诉讼的,由被告住所地人民法院管辖。

第二十四条　债权人依照合同法第七十四条的规定提起撤销权诉

讼时只以债务人为被告,未将受益人或者受让人列为第三人的,人民法院可以追加该受益人或者受让人为第三人。

第二十五条 债权人依照合同法第七十四条的规定提起撤销权诉讼,请求人民法院撤销债务人放弃债权或转让财产的行为,人民法院应当就债权人主张的部分进行审理,依法撤销的,该行为自始无效。

两个或者两个以上债权人以同一债务人为被告,就同一标的提起撤销诉讼的,人民法院可以合并审理。

第二十六条 债权人行使撤销权所支付的律师代理费、差旅费等必要费用,由债务人负担;第三人有过错的,应当适当分担。

>>经典案例

2008年9月21日,被告赵某向原告谢某借款80万元,用于经营一家美容店。双方约定借款期限二年。2009年3月2日,被告赵某与其表哥关某达成房屋买卖协议,将其所有一栋楼房和小吃店都转让给了关某,转让费为60万元。原告谢某得知此事后,立即找到被告赵某,要求他偿还欠款。但被告表示无力清偿借款。谢某要求被告赵某撤销其转让房产的行为,但被告赵某却认为,房屋买卖是自己的权利,原告谢某没有权利干涉,遂拒绝了被告。于是,原告起诉到法院,要求法院撤销被告低价转让房产行为。

原告诉称,2008年9月21日,被告赵某向其借款80万元,约定借款期限二年,但规定时间即将到期时,被告却没有归还欠款,而且还以60万元的极低价格将一栋楼房和美容店转让给其表哥关某。而一栋楼房和美容店的价值起码在100万元,但现在赵某却以60万元的价格转让给关某,使原告的债权无法实现。并指出,第三人关某是被告的亲属,同住一个市,十分清楚赵某欠款的情况。现请求:①撤销被告以明显不合理的低价把房屋转让给第三人的行为。②被告承担本案的诉讼费、律师代理费共计1000元。

同时,原告谢某还向法院提交了一份证明,即被告赵某楼房价值鉴定书复印件一份,此证明系之前赵某以房屋为抵押在银行贷款时所用。

被告赵某辩称，其一栋楼房和美容店均为其合法财产，被告有合法的处理权，原告没有权利进行干涉。

第三人关某未到庭。

法院审理后认为，本案被告在其债务未能清偿的情况下，把价值100万余元的房产以60万元的低价进行转让，实际上已经构成低价转让行为，这一行为直接造成被告无法清还原告的欠款，从而侵害了原告的合法权益。第三人关某作为被告的亲属，在接受被告的房屋转让时，明知道被告向原告所借的债务没有偿还，却还接受转让合同，此行为明显对债权人谢某的债权和合法利益构成了侵害。因此，被告和第三人之间的低价转让行为，符合撤销权的成立条件，根据法律规定，法院支持原告的诉求，依法撤销被告赵某与关某的房屋转让行为。

根据《适用合同法解释(一)》第二十六条的规定："债权人行使撤销权所支付的律师代理费、差旅费等必要费用，由债务人负担；第三人有过错的，应当适当分担。"因此，原告诉请被告承担律师代理费于法有据，应予支持。第三人关某经本院合法传唤，无正当理由拒不到庭参加诉讼，且在举证期限内未提交任何证据材料，视为对自己诉讼权利的放弃。依照《合同法》第七十四条第一款、第二款，《适用合同法解释(一)》第二十六条、《适用民诉法意见》第一百六十二条的规定，判决撤销被告赵某于2009年3月2日以60万元低价转让房屋给第三人关某的行为。宣判后，当事人均未上诉。

>>律师在线

本案涉及债权人行使撤销权的法律问题。

撤销权是指当债务人放弃对第三人的债权、实施无偿或低价处分财产的行为而有害于债权人的债权时，债权人可以依法请求法院撤销债务人所实施行为的权利。我国《合同法》第七十四条规定："因债务人放弃其到期债权或者无偿转让财产，对债权人造成损害的，债权人可以请求人民法院撤销债务人的行为。债务人以明显不合理的低价转让财产，对债权人造成损害，并且受让人知道该情形的，债权人也可以请求人民法院撤销债务人的行为。”

撤销权是债的相对性的例外,使得债的效力扩及第三人。撤销权对于维护债权人合法利益具有重要作用。此外,撤销权也可以有效防止债务人采取不正当手段逃避债务,以此稳定市场经济秩序,促进良好信用制度、商业道德的形成。

根据《中华人民共和国合同法》规定,债权人在两种情况下可以行使撤销权。其一,必须具备以下条件:①须债务人有财产处分行为。撤销权行使的目的是撤销债务人实施的有害债权的财产处分行为。如无债务人处分财产的行为,撤销权就失去了对象。债务人的财产处分行为包括债务人减少财产或增加财产负担行为。②须债务人的处分财产行为危害到了债权实现。债务人虽处分其财产,但仍有清偿能力的,债权人不得主张此权利。③在时间上,债务人的财产处分行为须发生与债权成立之后。另外,债务人以明显不合理的低价转让财产,侵害债权的,债权人能证明受让人知情时享有撤销权,否则不得主张撤销权。在形式上,债权人行使撤销权必须通过诉讼程序,即向人民法院提起诉讼,请求法院撤销而不能通过其他方式行使。

债权人行使撤销权将产生以下效力:①法院依法撤销债务人的行为后,债务人的财产处分行为自始无效。第三人因该行为取得的财产应当返还债务人。②第三人因该行为而免除的债务应当恢复履行。债权人行使撤销权的必要费用,应由债务人负担。当然,对于第三人返还的财产或履行债务的利益,债权人并不享有优先权。

案例中,被告赵某在没有还清原告谢某欠款的情况下,即以 60 万元的低价将 100 万元的房产转让于第三人关某,而第三人关某在明知的情况下受让该财产,结果侵害了原告的债权利益。因此,法院支持了原告请求,即撤销被告以明显不合理的低价把房屋转让给第三人的行为。

第四节　债的担保的概述

>>债的担保概念

债的担保,是指为确保特定债权人的债权实现,以第三人的信用或者以特定财产保障债务人履行债务的法律制度。

在民法理论上,债权担保可以分为一般担保和特别担保。一般担保,是指债务人以其全部财产担保债务履行。特别担保,是指在一般担保之外,为担保债权的实现而设定的担保。一般担保并非针对特定债权人而设立,所有的债权不论性质和种类,也不论成立先后,均享有债的一般担保。因而,债权人依据一般担保实现其债权时,一般以债务人现存的清偿能力为基础。如果债务人反复借债,而且均未偿还,那么债务人以全部财产作为债的一般担保的担保能力就越来越低,也就意味着将很难或无力偿还债权人的债务,而债权人也必然直接面临债权得不到部分清偿或全部清偿的危险。虽然我国法律为保护债权人的合法利益,设置了代位权和撤销权两项保全措施,但仍是限于一般担保内的责任财产之保障,想要从根本上解决债权实现的保障问题还无法实现。因此,债权人为了保障其债权得以全部清偿,一般情况下,还会于债的一般担保之外再设置特别担保。本章所称的债的担保,仅指特别担保,不包括一般担保。

>>债的担保的特征

1.债的担保具有特定性

债的担保的特定性包括两个方面内容:一是,债的担保是为担保特定债权人利益而设的,是一种特殊担保,其目的就是使特定的债权人能够从第三人处得到受偿或者优先于其他债权人受偿;二是,担保的标的只能是债务人或第三人的特定财产,或者特定的第三人的信用。

2.债的担保具有补充性

补充性,是指债的担保通常只有在其所担保的债务没有得到履行或者没有得到完全履行时,才能执行担保财产。如在一般保证中,保证人享有先诉抗辩权,只有在首先执行主债务人的财产且执行仍不足以清偿债务时,才能执行保证人的财产;再如实现抵押权须以债务履行期限届至债务人不履行债务为前提条件。债的担保就是对债的效力的一种补充。

3.债的担保具有从属性

债的担保的从属性,是指债的担保依附于被担保的债,二者形成主从关系。债的担保从属于所担保的债,被担保的债为主债。主债不成立、无效或者被撤销时,担保也就不能发生效力;主债消灭,债的担保也就随之消灭。《担保法》第五条规定:“担保合同是主合同的从合同,主合同无效,担保合同无效。担保合同另有约定的,按照约定。”

>>债的担保的分类

1.依担保的标的不同,债的担保可以分为人的担保和物的担保

(1)人的担保,是指以第三人的信用担保债的履行的担保方式。人的担保的典型形式是保证,它是由保证人以自己的信用担保债务人履行债务的担保。保证是一种债的关系,在债务人不履行债务时,债权人可以请求保证人履行。可见,保证是通过保证人对债务人债务的清偿来保障债权人的权利实现。保证的成立实际上是扩大了债务人清偿债务的责任财产的范围。但是,在保证担保中,债权人的利益是否能够确保还取决于保证人的信用,而保证人的信用具有浮动性,其财产也处于不断的变动之中。因此,即使设立了保证,债权人的债权仍有不能实现的危险。

(2)物的担保,是指以特定的财物作为担保债务履行的担保方式。在物的担保中,提供担保财产的人可以是债务人,也可以是债务人以外的第三人。在债务人不履行债务时,债权人有权从担保财产的价值中优

先受偿。《担保法》中规定了抵押权、质权和留置权三种物的担保形式。

2.依担保设定的依据不同，债的担保可以分为约定担保与法定担保

(1)约定担保，是指完全由当事人自行约定的担保，即按当事人自愿设定的担保。保证、抵押、质押、定金都是约定担保。

(2)法定担保，是指法律直接规定而不是当事人约定的担保。法定担保的发生条件是由法律直接规定的，但当事人可以约定排除其适用。如留置权、破产上的优先权。

3.依担保设定的目的不同，债的担保可以分为本担保和反担保

(1)本担保，是指以保障主债权的实现为目的而设定的担保。

(2)反担保，是指债务人或第三人为确保担保人承担担保责任后实现对主债务人的追偿权而设定的担保。《担保法》第四条第一款规定："第三人为债务人向债权人提供担保的，可以要求债务人提供反担保。"反担保具有如下特征：

①反担保以担保的存在为前提。没有担保的存在，就不会有反担保的存在。因此，担保不成立、无效或被撤销的，则反担保同样不成立、无效或被撤销。

②反担保中的债权人是为债务人提供担保的第三人。反担保的当事人是反担保人和担保人，其中，反担保人是义务方，可以是债务人或债务人以外的第三人；而担保人是权利方，只能是在担保中为债务人提供担保的第三人。

③反担保所保障的对象是担保人对债务人的追偿权。设定反担保的目的在于确保担保人在承担担保责任后，能够实现向主债务人行使的追偿权。因此，只能在担保人承担了担保责任后，担保人才能运用反担保确保自己对主债务人的追偿权的实现。

④反担保的适用方式只能是保证、抵押和质押。《担保法解释》第二条第二款规定："反担保方式可以是债务人提供的抵押或质押，也可以是其他人提供的保证、抵押或质押。"根据该条规定，反担保的方式只能是保证、抵押和质押，留置和定金不能作为反担保的方式。

第五节　保证

>>保证的概念

保证是一个多含义的概念。作为债的担保的保证,是指债务人以外的第三人做保证人担保债务人履行债的制度。《担保法》第六条中规定:“本法所称的保证,是指保证人和债权人约定,当债务人不履行债务时,保证人按照约定履行债务或者承担责任的行为。”其中债务人又被称为被保证人。

>>保证合同的成立

合同的成立和生效,需要根据合同法的相关法规来进行,其中,以下一些问题需要加以注意。

(一)保证合同的当事人

(1)国家机关原则上不得为保证人。这是因为国家机关用于担保的资金即国家财政和税收的收入,而国家所拥有的这些财产必须用于国家活动(立法、行政、司法)。清偿保证债务不仅与这些活动宗旨不符,而且会影响到国家机关职能的正常发挥。因此,《担保法》第八条规定:“国家机关不得为保证人,但经国务院批准为使用外国政府或者经济组织贷款进行转贷的除外。”

(2)学校、幼儿园、医院等以公益为目的事业单位、社会团体也不得作保证人(《担保法》第九条)。理由与上相同,但不可否认的是在市场经济条件下,某些以公益为目的事业单位和社会团体也参与了经营活动。对这类事业单位提供的保证不宜持一概否定的态度,因此,法释【2000】44 号第十六条规定,从事经营活动的事业单位、社会团体为保证人的，其所签订的保证合同应当认定为有效。

(3)企业法人的分支机构、职能部门不宜充任保证人，但企业法人分支机构有法人书面授权的，可以在授权范围内提供保证(《担保法》第十条)。

(4)公司的工作人员不得擅自以公司的财产，对其个人或其他公司的债务提供保证。对于在何种情况下，公司可以为他人提供担保，《公司法》第十六条作了较为清晰的规定。

(二)保证合同的内容和形式

1.保证合同的内容

根据《担保法》第十五条，保证合同一般应当包含如下条款：

(1)被保证的主债权种类和数额。被保证的主债权既可以足已经发生的债权，也可以足将来要发生的债权(最高额保证)。如果双方当事人就被保证的债权无明确约定的，应当根据交易习惯、被保证人与保证人之间债权的形成时间等因素推定。

(2)债务人履行债务的期限。如果当事人未约定，应当适用《合同法》第六十一、六十二条的规定。

(3)保证方式。包括一般保证和连带保证，如果当事人未约定，按照连带责任保证(《担保法》第十九条)。

(4)保证担保的范围。如果当事人未约定，则按照《担保法》第二十一条规定："当事人对保证担保的范围没有约定或者约定不明确的，保证人应当对全部债务承担责任"，应包括主债权及利息、违约金、损害赔偿金和实现债权的费用。

(5)保证期间。当事人可以就保证期间进行约定，但约定的期间不得早于或者等于主债务的履行期限。如双方当事人没有约定或约定的期间早于、等于主债务的履行期限的，保证期间为主债务履行期届满之日起至六个月届满之日止。(《担保法》第二十五条第一款、第二十六条第一款)。保证期间不因任何事由发生中断、中止、延长的法律后果(法释【2000】44号第三十一条)。

保证合同约定保证人承担保证责任直至主债务本息还清时为止等

类似内容的,视为约定不明,保证期间为主债务履行期届满之日起二年(法释【2000】44号第三十二条第二款)。

如果保证期间尚未截止,但债务人已经申请破产的,债权人无需按照保证合同约定的保证期间行使权利,人民法院受理债务人破产案件的,债权人既可以向人民法院申报债权,也可以向保证人主张权利。若债权人选择向债务人主张债权,则债权人申报债权后在破产程序中未受清偿的部分,保证人仍应当承担保证责任。债权人要求保证人承担保证责任的,应当在破产程序终结后六个月内提出(法释【2000】44号第四十四条)。

(6)双方认为需要约定的其他事项。

2.保证合同的形式

《担保法》第十三条要求保证合同采用书面形式。法释【2000】44号第二十二条,具体引申为"第三人单方以书面形式向债权人出具担保书,债权人接受且未提出异议的,保证合同成立。主合同中虽然没有保证条款,但是,保证人在主合同上以保证人的身份签字或者盖章的,保证合同成立"。

(三)保证合同的不成立、无效、被撤销及所生责任

保证合同若违反以上四种当事人限制的规定,或者主合同债权人一方或债权人与债务人双方采用欺诈、胁迫等手段,或者恶意串通,使保证人在违背真实意思情况下提供保证的以及主合同债务人采取欺诈、胁迫等手段,使保证人在违背真实意思的情况下提供保证,债权人知道或者应当知道欺诈、胁迫事实的,保证合同无效(《担保法》第八、九、二十九、三十条,法释【2000】44号第四、十七、十八、四十条)。此外,法释【2000】44号还专就担保合同规定了如下的无效原因:未经国家有关主管部门批准或者登记对外担保的;未经国家有关主管部门批准或者登记,为境外机构向境内债权人提供担保的;为外商投资企业资本、外商投资企业中的外方投资部分的对外债务提供担保的;无权经营外汇担保业务的金融机构、无外汇收入的非金融性质的企业法人提供外汇担保的;主合同变更或者债权人将对外担保合同项下的权利转让,

未经担保人同意和国家有关主管部门批准的，担保人不再承担担保责任。但法律、法规另有规定的除外。

法释【2000】44号对保证合同也承认有可以撤销的原因，即债务人与保证人共同欺骗债权人，订立主合同和保证合同的，债权人可以请求人民法院予以撤销。因此给债权人造成损失的，由保证人与债务人承担连带赔偿责任（第四十一条）。

主合同不成立、无效或被撤销时，保证合同也丧失法律效力（《担保法》第五条，法释【2000】44号第四、七、八条）。

保证合同不成立、无效或被撤销的，债务人、担保人、债权人有过错的，应当根据其过错各自承担相应的民事责任（《担保法》第五条）。该种责任属于缔约过失责任，因此，责任的承担方式为赔偿损失，损失的赔偿范围为信赖利益损失。法释【2000】44号为区分具体情况作了进一步规定：（1）董事、经理违反《中华人民共和国公司法》第六十条的规定，以公司资产为本公司的股东或者其他个人债务提供担保的，担保合同无效。除债权人知道或者应当知道的外，债务人、担保人应当对债权人的损失承担连带赔偿责任。（2）主合同有效而担保合同无效，债权人无过错的，担保人与债务人对主合同债权人的经济损失，承担连带赔偿责任；债权人、担保人有过错的，担保人承担民事责任的部分，不应超过债务人不能清偿部分的二分之一。（3）主合同无效而导致担保合同无效，担保人无过错的，担保人不承担民事责任；担保人有过错的，担保人承担民事责任部分，不应超过债务人不能清偿部分的三分之一。

>>保证的方式

保证合同当事人双方应当约定保证的方式。保证方式分为一般保证与连带责任保证两种。

1.一般保证

一般保证是指保证人仅对债务人不履行债务负补充责任的保证。《担保法》第十七条规定："当事人在保证合同中约定，债务人不能履行债务时，由保证人承担保证责任的，为一般保证。""一般保证的保证人在主合同纠纷未经审判或者仲裁,并就债务人财产依法强制执行仍不能履行债务前,对债权人可以拒绝承担保证责任。”因此,一般保证是保证人享有先诉抗辩权的保证方式。

2.连带责任保证

《担保法》第十八条规定:“当事人在保证合同中约定保证人与债务人对债务承担连带责任的,为连带责任保证。”“连带责任保证的债务人在主合同规定的债务履行期届满没有履行债务的,债权人可以要求债务人履行债务,也可以要求保证人在其保证范围内承担保证责任。”可见,连带责任保证保证人的责任重于一般保证保证人的责任。一般保证的保证人只在债务人不能履行债务时才承担保证责任;而连带责任的保证人不论债务人能否履行债务,只要债务人未履行债务,就有义务承担保证责任,保证人并不享有先诉抗辩权。

>>保证担保的效力

(一)债权人的权利

债权人的权利是在主债务人不履行债务时,得请求保证人履行保证债务即承担保证责任。

1.债权人请求保证人承担保证责任的前提和条件

在一般保证中,债权人对保证人行使权利以主债务人不履行其债务为前提,以保证责任已届承担期,债权人已经向法院主张对主债务人强制执行仍无效果(或保证人放弃先诉抗辩权)为条件。在连带责任保证中则无需考虑债权人是否已经提起强制执行。

2.债权人必须在保证期间内行使其权利。

(二)保证人的义务

保证人的义务即按照保证合同的约定承担保证责任,保证人义务本与债权人权利是一个问题的两个方面,但实践中在保证人义务履行上存在若干疑问,本文仅就此作进一步讨论。

1.代偿能力与保证责任

对于代偿能力是否影响保证责任的承担,《担保法》第七条和法释

【2000】44号第十四条作出了不同规定，实践中应以法释【2000】44号第十四条的规定为准。

2.主合同解除后保证责任的承担

主合同无效一般情况下会导致保证合同也无效，从而免除保证人的保证责任，但主合同被解除的担保人对债务人应当承担的民事责任仍应承担担保责任。担保合同另有约定的除外（法释【2000】44号第十条）。

3.特殊的保证责任

在特殊的保证责任中，保证人会对其承担保证责任约定附加条件，此时，保证人承担保证责任除要满足上文中提及的前提和条件外，还要满足保证合同约定的附加条件，例如，法释【2000】44号第二十六条规定，第三人向债权人保证监督支付专款专用的，在履行了监督支付专款专用的义务后，不再承担责任。未尽监督义务造成资金流失的，应当对流失的资金承担补充赔偿责任。再如，该司法解释第二十七条规定，保证人对债务人的注册资金提供保证的，债务人的实际投资与注册资金不符，或者抽逃转移注册资金的，保证人在注册资金不足或者抽逃转移注册资金的范围内承担连带保证责任。

（三）保证人的权利

1.主张债务人权利的权利

（1）主张主债务人的抗辩权。即以债务人对债权人的抗辩权，抗辩债权人。根据《担保法》第二十条规定，一般保证和连带责任保证的保证人享有债务人的抗辩权。债务人放弃对债务的抗辩权的，保证人仍有权抗辩。

（2）主张主债务人的其他权利。例如，撤销权、抵销权等。

2.主张基于保证人地位特有的抗辩权

即一般保证的保证人特别享有的权利。一般保证的保证人特有的权利主要是先诉抗辩权。先诉抗辩权，又称检索抗辩权，是指保证人于债权人未就主债务人的财产强制执行而无效果前，对于债权人的拒绝清偿保证债务的权利（《担保法》第十七条第二款）。连带责任保证的保证人不享有先诉抗辩权。依《担保法》第十七条规定,一般保证的保证人在有下列情形之一时,也不得行使先诉抗辩权:第一,债务人住所变更,致使债权人要求其履行债务发生重大困难的。债务人住所虽变更,但并不会使债权人要求债务人履行债务发生重大困难时,保证人仍得行使先诉抗辩权。第二,人民法院受理债务人破产案件,中止执行程序的。第三,保证人以书面形式放弃先诉抗辩权的。保证人不是以书面形式,而只是口头向债权人表示放弃先诉抗辩权的,保证人仍得行使先诉抗辩权。

3.主张基于一般债务人的地位应有的权利

例如,主合同有效而保证合同无效的情况;主债务人对债权人无抵销权,而保证人对债权人有抵销权的情况,等等。

>>保证人与主债务人之间的关系

保证虽为债权人与保证人之间的关系,但保证的成立也在主债务人与保证人之间发生效力。在保证人与主债务人之间,保证人于一定条件下也享有一定的权利。保证人的权利主要是追偿权。追偿权又称求偿权,是指保证人在履行保证债务后,得请求主债务人偿还的权利(《担保法》第三十一条)。

保证人追偿权的成立须具备以下三个条件:第一,保证人向债权人履行了保证债务。第二,因保证人的履行而使债务人免责。第三,保证人履行保证债务无过错。

保证人追偿权的范围,一般应当包括两部分。一部分是保证人为主债务人向债权人清偿的债务额,但以主债务人因其清偿受免责的数额为限。另一部分是保证人履行保证债务所支出的必要费用。但保证人自行履行保证责任时,其实际清偿额大于主债权范围的,保证人只能在主债权范围内对债务人行使追偿权(法释【2000】44 号第四十三条)。

保证人的求偿权一般只能在保证人承担保证责任后才能发生和行使,但为保证保证人在履行保证债务后能够实现追偿的权利,法律规定了保证人得事前行使追偿权的情况。我国《担保法》第三十二条规定:“人民法院受理债务人破产案件后,债权人未申报债权的,保证人可以参加破产财产分配,预先行使追偿权。”

>>保证债务的诉讼时效

1.保证债务的诉讼时效与保证期间及主债务的诉讼时效

保证期间和保证债务的诉讼时效是两种不同的制度,保证期间是债权人行使对保证人债权的期限,而保证债务的诉讼时效虽然也是对债权人行使对保证人债权的一种期限限制,但其只有在债权人在保证期间内行使债权之后才产生,一旦债权人在保证期间内行使债权,则保证期间就功成身退,让位于诉讼时效期间。

保证债务的诉讼时效与主债务的诉讼时效也不同,保证债务的诉讼时效是基于保证合同而生的保证债权的时效,而主债务的诉讼时效则是基于主债务合同而生的债权的时效。

2.一般保证债务诉讼时效的起算、中止、中断

根据法释【2000】44 号第三十四条第一款,一般保证的债权人在保证期间届满前对债务人提起诉讼或者申请仲裁的,从判决或者仲裁裁决生效之日起,开始计算保证合同的诉讼时效。保证债务的诉讼时效随着主债务诉讼时效的中止而中止,并随着主债务诉讼时效的中断而中断(法释【2000】44 号第三十六条),当然保证债务作为一个独立于主债务的债务,也单独地因《民法通则》规定的事由而中止或中断。

3.连带责任保证债务诉讼时效的起算、中止、中断

根据法释【2000】44 号第三十四条第二款,连带责任保证的债权人在保证期间届满前要求保证人承担保证责任的,从债权人要求保证人承担保证责任之日起,开始计算保证合同的诉讼时效。与一般保证相同,保证债务的诉讼时效随着主债务诉讼时效的中止而中止,并随着主债务诉讼时效的中断而中断,保证债务作为一个独立于主债务的债务,也单独地因《民法通则》规定的事由而中止或中断。

>>保证债务的免除

(1)保证合同约定,债权人转让债权时,保证责任免除,应依其约定。无此约定的,保证人在原担保的范围内继续承担保证责任(《担保法》第二十二条),所谓约定债权人转让债权时保证责任免除,包括保证人与债权人事先约定仅对特定的债权人承担保证责任或者禁止债权转让等情形(法释【2000】44 号第二十八条)。

(2)保证期间,债权人许可债务人转让债务,但未经保证人书面同意,保证人免除保证责任(《担保法》第二十三条)。保证期间债权人许可债务人转让部分债务未经保证人书面同意的,保证人对未经其同意转让部分的债务,不再承担保证责任。但是,保证人仍应当对未转让部分的债务承担保证责任(法释【2000】44 号第二十九条)。

(3)保证期间,债权人与债务人对主合同数量、价款、币种、利率等内容作了变动,未经保证人同意的,如果减轻债务人的债务的,保证人仍应当对变更后的合同承担保证责任;如果加重债务人的债务的,保证人未对加重部分书面同意的,保证人对加重的部分不承担保证责任(《担保法》第二十四条,法释【2000】44 号第三十条)。债权人与债务人对主合同履行期限作了变动,未经保证人书面同意的,保证期间为原合同约定的或者法律规定的期间;债权人与债务人协议变动主合同内容,但并未实际履行的,保证人仍应当承担保证责任。

(4)被担保的债权既有物的担保又有人的担保,债务人不履行到期债务或者发生当事人约定的实现担保物权的情形,债权人按照约定实现债权;没有约定或者约定不明确,债务人自己提物的担保的,债权人应当先就该物的担保实现债权(《物权法》第一百七十六条),债权人怠于行使该担保物权,致使担保物的价值减少或者毁灭的,保证人在债权人放弃权利的范围内减轻或者免除保证责任(法释【2000】44 号第三十八条),第三人提供物的担保的,债权人以就物的担保实现债权,也可以要求保证人承担保证责任(《物权法》第一百七十六条)。

(5)主合同当事人双方协议以新贷偿还旧贷,除保证人知道或者应当知道的外，保证人免除保证责任。新贷与旧贷系同一保证人的，不适用前款的规定（法释【2000】44 号第三十九条）。

（6）一般保证的保证人在主债权履行期间届满后，向债权人提供债务人可供执行财产的真实情况，债权人放弃或者怠于行使权利致使该财产不能被执行，保证人可以请求人民法院在其提供可供执行财产的实际价值范围内免除保证责任（法释【2000】44 号第二十四条）。

（7）债权人未在保证期间内主张其权利的，保证人免除保证责任。其中是一般保证的，债权人未在保证期间内向主债务人提起诉讼或者仲裁的，保证人免除保证责任；是连带责任保证的，债权人未在保证期间内向保证人请求承担保证责任的，保证人免除保证责任。

（8）保证合同约定的其他保证人免除保证责任的事由，例如，保证合同约定，主合同解除后，保证人不再对债务人承担的民事责任负保证责任的，依其约定（法释【2000】44 号第十条）。

>>有关保证的法律规定

《中华人民共和国担保法》对保证作了以下规定：

保证和保证人

第六条　本法所称保证，是指保证人和债权人约定，当债务人不履行债务时，保证人按照约定履行债务或者承担责任的行为。

第七条　具有代为清偿债务能力的法人、其他组织或者公民，可以作保证人。

第八条　国家机关不得为保证人，但经国务院批准为使用外国政府或者国际经济组织贷款进行转贷的除外。

第九条　学校、幼儿园、医院等以公益为目的事业单位、社会团体不得为保证人。

第十条　企业法人的分支机构、职能部门不得为保证人。

企业法人的分支机构有法人书面授权的，可以在授权范围内提供保证。

第十一条　任何单位和个人不得强令银行等金融机构或者企业为

他人提供保证;银行等金融机构或者企业对强令其为他人提供保证的行为,有权拒绝。

第十二条 同一债务有两个以上保证人的,保证人应当按照保证合同约定的保证份额,承担保证责任。没有约定保证份额的,保证人承担连带责任,债权人可以要求任何一个保证人承担全部保证责任,保证人都负有担保全部债权实现的义务。已经承担保证责任的保证人,有权向债务人追偿,或者要求承担连带责任的其他保证人清偿其应当承担的份额。

保证合同和保证方式

第十三条 保证人与债权人应当以书面形式订立保证合同。

第十四条 保证人与债权人可以就单个主合同分别订立保证合同,也可以协议在最高债权额限度内就一定期间连续发生的借款合同或者某项商品交易合同订立一个保证合同。

第十五条 保证合同应当包括以下内容:

(一)被保证的主债权种类、数额;

(二)债务人履行债务的期限;

(三)保证的方式;

(四)保证担保的范围;

(五)保证的期间;

(六)双方认为需要约定的其他事项。

保证合同不完全具备前款规定内容的,可以补正。

第十六条 保证的方式有:

(一)一般保证;

(二)连带责任保证。

第十七条 当事人在保证合同中约定,债务人不能履行债务时,由保证人承担保证责任的,为一般保证。

一般保证的保证人在主合同纠纷未经审判或者仲裁,并就债务人财产依法强制执行仍不能履行债务前,对债权人可以拒绝承担保证责任。

有下列情形之一的，保证人不得行使前款规定的权利：

（一）债务人住所变更，致使债权人要求其履行债务发生重大困难的；

（二）人民法院受理债务人破产案件，中止执行程序的；

（三）保证人以书面形式放弃前款规定的权利的。

第十八条 当事人在保证合同中约定保证人与债务人对债务承担连带责任的，为连带责任保证。

连带责任保证的债务人在主合同规定的债务履行期届满没有履行债务的，债权人可以要求债务人履行债务，也可以要求保证人在其保证范围内承担保证责任。

第十九条 当事人对保证方式没有约定或者约定不明确的，按照连带责任保证承担保证责任。

第二十条 一般保证和连带责任保证的保证人享有债务人的抗辩权。债务人放弃对债务的抗辩权的，保证人仍有权抗辩。

抗辩权是指债权人行使债权时，债务人根据法定事由，对抗债权人行使请求权的权利。

保证责任

第二十一条 保证担保的范围包括主债权及利息、违约金、损害赔偿金和实现债权的费用。保证合同另有约定的，按照约定。

当事人对保证担保的范围没有约定或者约定不明确的，保证人应当对全部债务承担责任。

第二十二条 保证期间，债权人依法将主债权转让给第三人的，保证人在原保证担保的范围内继续承担保证责任。保证合同另有约定的，按照约定。

第二十三条 保证期间，债权人许可债务人转让债务的，应当取得保证人书面同意，保证人对未经其同意转让的债务，不再承担保证责任。

第二十四条 债权人与债务人协议变更主合同的，应当取得保证人书面同意，未经保证人书面同意的，保证人不再承担保证责任。保证合同另有约定的,按照约定。

第二十五条　一般保证的保证人与债权人未约定保证期间的,保证期间为主债务履行期届满之日起六个月。

在合同约定的保证期间和前款规定的保证期间,债权人未对债务人提起诉讼或者申请仲裁的,保证人免除保证责任;债权人已提起诉讼或者申请仲裁的,保证期间适用诉讼时效中断的规定。

第二十六条　连带责任保证的保证人与债权人未约定保证期间的,债权人有权自主债务履行期届满之日起六个月内要求保证人承担保证责任。

在合同约定的保证期间和前款规定的保证期间,债权人未要求保证人承担保证责任的,保证人免除保证责任。

第二十七条　保证人依照本法第十四条规定就连续发生的债权作保证,未约定保证期间的,保证人可以随时书面通知债权人终止保证合同,但保证人对于通知到债权人前所发生的债权,承担保证责任。

第二十八条　同一债权既有保证又有物的担保的,保证人对物的担保以外的债权承担保证责任。

债权人放弃物的担保的,保证人在债权人放弃权利的范围内免除保证责任。

第二十九条　企业法人的分支机构未经法人书面授权或者超出授权范围与债权人订立保证合同的,该合同无效或者超出授权范围的部分无效,债权人和企业法人有过错的,应当根据其过错各自承担相应的民事责任;债权人无过错的,由企业法人承担民事责任。

第三十条　有下列情形之一的,保证人不承担民事责任:

(一)主合同当事人双方串通,骗取保证人提供保证的;

(二)主合同债权人采取欺诈、胁迫等手段,使保证人在违背真实意思的情况下提供保证的。

第三十一条　保证人承担保证责任后,有权向债务人追偿。

第三十二条　人民法院受理债务人破产案件后,债权人未申报债权的,保证人可以参加破产财产分配,预先行使追偿权。

>>经典案例

2004年5月20日,被告肖某由乙居民委员会担保,与某基金会签订借款合同一份,合同约定,肖某向基金会借款182000元,还款日期为三个月,月资金占用费率为11.76%。但到了规定的还款日期,被告肖某却没有清偿借款,以及资金占用费。直至2005年8月10日,被告肖某才偿还借款本金10940元,资金占用费31891元,尚欠基金会借款本金171060元。

2005年2月,原告甲信用合作社受让了该基金会的上述债权。2005年6月15日,乙居民委员会同意为肖某继续担保,并在基金会的借款交接处核表上签了字。2006年10月15日,原告向肖某、乙居民委员会送达了催收逾期借款通知单。肖某和乙居民委员会接到通知单后,分别签名、盖章,但甲信用合作社还是没有接到肖某的还款。

为此,原告甲信用合作社于2008年8月21日诉至法院,请求依法判令被告肖某偿还借款本息,同时,担保方乙居民委员会需承担连带清偿责任。

法院经过审理认为,借款担保合同担保期限没有约定的,保证期间为主债务履行期届满之日起6个月。但基金会在保证期间并没有向法院提起诉讼,要求被告肖某偿还借款,因此,依法应当免除保证人乙居民委员会的保证责任。但基金会将本案债权让与甲信用合作社后,2005年6月15日,乙居民委员会签订了继续为肖某担保的文件,因此,重新担保具有法律效力,所产生的法律后果受法律保护。

但此次甲信用合作社并未与乙居民委员会约定保证期限,根据《担保法》第二十六条第一款的规定,保证责任期间应为6个月。但原告未在全权受让后的6个月内向居委会主张权利,依法乙居民委员会的保证责任已经免除。2006年10月15日,原告向保证人乙居民委员会送达了催收逾期借款通知单,保证人在通知单回执上签字盖章,只能证明其收到催款通知书,而无法认定为乙居民委员会继续承担保证。乙居民委员会具有免责抗辩权,因为其保证期已届满,保证责任已经免除,因此,保证人在收到的催收通知单上签字或盖章的行为并不足以成为承担保证责任的理由。据此,甲信用合作社要求乙居民委员会承担连带清偿责任,法院不予支持。

法院于2006年判决:被告肖某偿还原告甲信用合作社借款本金171060元,利息55628.71元。

>>律师在线

本案的焦点是被告乙居民委员会是否应承担保证责任。

2006年10月15日,原告向被告乙居民委员会送达了催收逾期借款通知单,虽然被告签名并盖章,但法院认为只能证明被告收到催款通知书,而不能承担保证。因为依照《担保法》关于保证责任期间的规定,被告乙居民委员会的保证责任已经被免除,同时依法享有因保证期间届满产生的免责抗辩权,因此,被告在收到的催收通知单上签字盖章的行为并不能成为承担保证责任的理由。

而且《最高人民法院关于超过诉讼时效期间借款人在催款通知单上签字或者盖章的法律效力问题的批复》也不是针对保证人的。这就涉及对该司法解释的理解问题。该批复指出,根据《中华人民共和国民法通则》第四条、第九十条规定的精神,对于超过诉讼时效期间,信用社向借款人发出催收到期贷款通知单,债务人在该通知单上签字或者盖章的,应当视为对原债务的重新确认,该债权债务关系应受法律保护。

产生的问题是在借款人这一主体上可否扩大解释为包括保证人。这未见明确的规定。但如果分析《民法通则》第四条"民事活动应当遵循自愿、公平、等价有偿、诚实信用的原则";第九十条"合法的借贷关系受法律保护",应当认为,是不能将其扩大为包括保证人的。这是因为,债权人与债务人之间是自然之债,在诉讼时效过后并不当然灭失,而保证之债则非如此,否则,该司法解释就无出台之必要了。

第六节 抵押

>>抵押的概念

抵押系指债务人或者第三人不转移对担保法第三十四条所列财产的占有,将该财产作为债权的担保。债务人不履行债务时,债权人有权依照担保法规定以该财产折价或者以拍卖、变卖该财产的价款优先受偿。

>>抵押权的设立

抵押权依抵押行为而设立。抵押行为是当事人(主债权人和主债务人或第三人)以意思表示设定抵押权的双方法律行为,其具体表现形式为抵押合同。

当事人在订立抵押合同时,不得在合同中约定在债务履行期满抵押权人未受清偿时,抵押物的所有权转移为债权人所有。

>>抵押权的标的

下列财产可以抵押:

(1)抵押人所有的房屋和其他地上定着物;

(2)抵押人依法有权处分的国有土地使用权、房屋和其他地上定着物;

(3)抵押人依法有权处分的国有机器、交通运输工具和其他财产;

(4)抵押人依法承包并经发包方同意抵押的荒山、荒沟、荒丘、荒滩等荒地的使用权;

(5)依法可以抵押的其他土地。

下列财产不得抵押：

(1)土地所有权；

(2)耕地、宅基地、自留地、自留山等集体所有的土地的土地使用权，但法律有特别规定的除外；

(3)学校、幼儿园、医院等以公益为目的事业单位和社会团体的教育设施、医疗卫生设施和其他社会公益设施；

(4)所有权、使用权不明或有争议的财产；

(5)依法被查封、扣押、监管的财产；

(6)依法不能抵押的其他财产。

>>抵押登记

法律对抵押权的设立，要求具备严格形式要件。

1.必须办理抵押物登记的财产

(1)无地上定着物的土地使用权，其登记部门为核发土地使用权证书的土地管理部门；

(2)城市房地产或者乡(镇)、村企业的厂房等建筑物，其登记部门为县级以上地方人民政府规定的部门。但县级以上地方人民政府对登记部门未作规定的，当事人在土地管理部门或者房屋管理部门办理了抵押物登记手续，该抵押应为有效；

(3)林木，其登记部门为县级以上林木主管部门；

(4)航空器、船舶、车辆，其登记部门为运输工具的登记部门；

(5)企业的设备和其他动产，其登记部门为财产所在地的工商行政管理部门。

当事人在同一天在不同的法定登记部门办理抵押物登记的，视为顺序相同。因登记部门的原因致使抵押物进行连续登记的，抵押物第一次登记的日期，视为抵押登记的日期，并依此确定抵押权的顺序。

当事人办理抵押物登记手续时，因登记部门的原因致其无法办理抵押登记，抵押人向债权人交付权利凭证的，可以认定债权人对该财产有优先受偿权。但是，未办理抵押物登记的，不得对抗第三人。

抵押物登记记载的内容与抵押合同约定的内容不一致的，以登记记载的内容为准。

2.自愿办理抵押物登记的财产

当事人以上述之外的其他财产抵押的，可以自愿办理抵押物登记，登记部门为抵押人所在的公证部门。当事人不办理抵押登记的抵押合同自签订之日起生效，但不得对抗第三人。

当事人办理抵押物登记，应当向登记部门提交主合同和抵押合同以及抵押物所有权或使用权证书等文件或其复印件。

登记部门登记的资料，应当允许查阅、抄录或复印。

>>抵押常见纠纷

(1)抵押人将不具备条件的抵押物进行虚假抵押，造成抵押合同无效；

(2)抵押物被司法机关采取强制措施，抵押权人实现抵押权存在困难。

>>有关抵押的法律规定

《中华人民共和国担保法》对抵押作了以下规定：

抵押和抵押物

第三十三条　本法所称抵押，是指债务人或者第三人不转移对本法第三十四条所列财产的占有，将该财产作为债权的担保。债务人不履行债务时，债权人有权依照本法规定以该财产折价或者以拍卖、变卖该财产的价款优先受偿。

前款规定的债务人或者第三人为抵押人，债权人为抵押权人，提供担保的财产为抵押物。

第三十四条　下列财产可以抵押：

(一)抵押人所有的房屋和其他地上定着物；

(二)抵押人所有的机器、交通运输工具和其他财产；

(三)抵押人依法有权处分的国有的土地使用权、房屋和其他地上定着物；

（四）抵押人依法有权处分的国有机器、交通运输工具和其他财产；

（五）抵押人依法承包并经发包方同意抵押的荒山、荒沟、荒丘、荒滩等荒地的土地使用权；

（六）依法可以抵押的其他财产。

抵押人可以将前款所列财产一并抵押。

第三十五条　抵押人所担保的债权不得超出其抵押物的价值。

财产抵押后，该财产的价值大于所担保债权的余额部分，可以再次抵押，但不得超出其余额部分。

第三十六条　以依法取得的国有土地上的房屋抵押的，该房屋占用范围内的国有土地使用权同时抵押。

以出让方式取得的国有土地使用权抵押的，应当将抵押时该国有土地上的房屋同时抵押。

乡（镇）、村企业的土地使用权不得单独抵押。以乡（镇）、村企业的厂房等建筑物抵押的，其占用范围内的土地使用权同时抵押。

第三十七条　下列财产不得抵押：

（一）土地所有权；

（二）耕地、宅基地、自留地、自留山等集体所有的土地使用权，但本法第三十四条第（五）项、第三十六条第三款规定的除外；

（三）学校、幼儿园、医院等以公益为目的事业单位、社会团体的教育设施、医疗卫生设施和其他社会公益设施；

（四）所有权、使用权不明或者有争议的财产；

（五）依法被查封、扣押、监管的财产；

（六）依法不得抵押的其他财产。

抵押合同和抵押物登记

第三十八条　抵押人和抵押权人应当以书面形式订立抵押合同。

第三十九条　抵押合同应当包括以下内容：

（一）被担保的主债权种类、数额；

(二)债务人履行债务的期限;

(三)抵押物的名称、数量、质量、状况、所在地、所有权权属或者使用权权属;

(四)抵押担保的范围;

(五)当事人认为需要约定的其他事项。

抵押合同不完全具备前款规定内容的,可以补正。

第四十条　订立抵押合同时,抵押权人和抵押人在合同中不得约定在债务履行期届满抵押权人未受清偿时,抵押物的所有权转移为债权人所有。

第四十一条　当事人以本法第四十二条规定的财产抵押的,应当办理抵押物登记,抵押合同自登记之日起生效。

第四十二条　办理抵押物登记的部门如下:

(一)以无地上定着物的土地使用权抵押的,为核发土地使用权证书的土地管理部门;

(二)以城市房地产或者乡(镇)、村企业的厂房等建筑物抵押的,为县级以上地方人民政府规定的部门;

(三)以林木抵押的,为县级以上林木主管部门;

(四)以航空器、船舶、车辆抵押的,为运输工具的登记部门;

(五)以企业的设备和其他动产抵押的,为财产所在地的工商行政管理部门。

第四十三条　当事人以其他财产抵押的,可以自愿办理抵押物登记,抵押合同自签订之日起生效。

当事人未办理抵押物登记的,不得对抗第三人。当事人办理抵押物登记的,登记部门为抵押人所在地的公证部门。

第四十四条　办理抵押物登记,应当向登记部门提供下列文件或者其复印件:

(一)主合同和抵押合同;

(二)抵押物的所有权或者使用权证书。

第四十五条　登记部门登记的资料,应当允许查阅、抄录或者复印。

抵押的效力

第四十六条　抵押担保的范围包括主债权及利息、违约金、损害赔偿金和实现抵押权的费用。抵押合同另有约定的，按照约定。

第四十七条　债务履行期届满，债务人不履行债务致使抵押物被人民法院依法扣押的，自扣押之日起抵押权人有权收取由抵押物分离的天然孳息以及抵押人就抵押物可以收取的法定孳息。抵押权人未将扣押抵押物的事实通知应当清偿法定孳息的义务人的，抵押权的效力不及于该孳息。

前款孳息应当先充抵收取孳息的费用。

第四十八条　抵押人将已出租的财产抵押的，应当书面告知承租人，原租赁合同继续有效。

第四十九条　抵押期间，抵押人转让已办理登记的抵押物的，应当通知抵押权人并告知受让人转让物已经抵押的情况；抵押人未通知抵押权人或者未告知受让人的，转让行为无效。

转让抵押物的价款明显低于其价值的，抵押权人可以要求抵押人提供相应的担保；抵押人不提供的，不得转让抵押物。

抵押人转让抵押物所得的价款，应当向抵押权人提前清偿所担保的债权或者向与抵押权人约定的第三人提存。超过债权数额的部分，归抵押人所有，不足部分由债务人清偿。

第五十条　抵押权不得与债权分离而单独转让或者作为其他债权的担保。

第五十一条　抵押人的行为足以使抵押物价值减少的，抵押权人有权要求抵押人停止其行为。抵押物价值减少时，抵押权人有权要求抵押人恢复抵押物的价值，或者提供与减少的价值相当的担保。

抵押人对抵押物价值减少无过错的，抵押权人只能在抵押人因损害而得到的赔偿范围内要求提供担保。抵押物价值未减少的部分，仍作为债权的担保。

第五十二条　抵押权与其担保的债权同时存在，债权消灭的，抵押权也消灭。

抵押权的实现

第五十三条　债务履行期届满抵押权人未受清偿的,可以与抵押人协议以抵押物折价或者以拍卖、变卖该抵押物所得的价款受偿;协议不成的,抵押权人可以向人民法院提起诉讼。

抵押物折价或者拍卖、变卖后,其价款超过债权数额的部分归抵押人所有,不足部分由债务人清偿。

第五十四条　同一财产向两个以上债权人抵押的,拍卖、变卖抵押物所得的价款按照以下规定清偿:

(一)抵押合同已登记生效的,按照抵押物登记的先后顺序清偿;顺序相同的,按照债权比例清偿;

(二)抵押合同自签订之日起生效的,该抵押物已登记的,按照本条第(一)项规定清偿;未登记的,按照合同生效时间的先后顺序清偿,顺序相同的,按照债权比例清偿。抵押物已登记的先于未登记的受偿。

第五十五条　城市房地产抵押合同签订后,土地上新增的房屋不属于抵押物。需要拍卖该抵押的房地产时,可以依法将该土地上新增的房屋与抵押物一同拍卖,但对拍卖新增房屋所得,抵押权人无权优先受偿。

依照本法规定以承包的荒地的土地使用权抵押的,或者以乡(镇)、村企业的厂房等建筑物占用范围内的土地使用权抵押的,在实现抵押权后,未经法定程序不得改变土地集体所有和土地用途。

第五十六条　拍卖划拨的国有土地使用权所得的价款,在依法缴纳相当于应缴纳的土地使用权出让金的款额后,抵押权人有优先受偿权。

第五十七条　为债务人抵押担保的第三人,在抵押权人实现抵押权后,有权向债务人追偿。

第五十八条　抵押权因抵押物灭失而消灭。因灭失所得的赔偿金,应当作为抵押财产。

最高额抵押

第五十九条　本法所称最高额抵押，是指抵押人与抵押权人协议，在最高债权额限度内，以抵押物对一定期间内连续发生的债权作担保。

第六十条　借款合同可以附最高额抵押合同。

债权人与债务人就某项商品在一定期间内连续发生交易而签订的合同，可以附最高额抵押合同。

第六十一条　最高额抵押的主合同债权不得转让。

第六十二条　最高额抵押除适用本节规定外，适用本章其他规定。

>>经典案例

2008 年 9 月 1 日，被告庄某将位于某村的 2 间砖瓦房抵押，并在当地房产管理部门办理了登记手续。之后，被告向原告罗某借款 5 万元人民币，月利率为 2.5‰，期限至 2009 年 7 月 10 日。

被告庄某与原告罗某签订了正式的借款合同和抵押房屋买卖合同，抵押房屋买卖合同中明确写明，以房屋作为抵押。合同约定：如庄某不能按期偿还贷款本息，愿将抵押房产产权转让给罗某，房屋折价 7 万元，罗某按照约定，从中扣除借款 5 万元，以及包括房产过户手续税费等费用，剩余款项应当归还庄某。

借款到期后，庄某于 2009 年 4 月 1 日、2010 年 5 月 27 日分别清偿部分利息。但本金 5 万元并未按时归还，而且还有部分利息没有清偿。为此，原告罗某向人民法院提起诉讼，要求法院责令被告偿还借款 5 万元及利息或者判令被告履行抵押房屋买卖合同。

人民法院审理后，认为原告与被告签订的抵押房屋买卖合同无效，因此，不能把被告的房产判给原告。法院最终判决，被告庄某于本判决生效后 10 日内偿还原告罗某借款本金 5 万元及利息。逾期不履行，法院将依法对其房产进行拍卖，归还原告借款。

>>律师在线

本案中共有三个合同，分别是借款合同、抵押合同和抵押房屋买卖合同。法院认定前两个合同有效,但却认为抵押房屋买卖合同无效。

本案中的抵押房屋买卖合同是双方当事人的真实意思表示,具备一般房屋买卖合同要件,按照相关法律,是应当具有法律效力的。但本案中涉及房屋买卖的目的,即确保原告的债权得到实现,也就是说,当借款期满原告得不到偿还时以取得抵押房屋所有权的方式实现债权。而这一目的属于违法。这种约定违反了《担保法》第四十条关于"订立抵押合同时,抵押权人和抵押人在合同中不得约定在债务履行期届满抵押权人未受清偿时,抵押物所有权转移为债权人所有"的规定,也违反了《中华人民共和国物权法》第一百八十六条的规定"抵押权人在债务履行期届满前,不得与抵押人约定债务人不履行到期债务时抵押财产归债权人所有",因而是无效的。本案当事人在抵押合同中没有直接约定"债务履行期届满抵押权人未受清偿,抵押物所有权转移为债权人所有",却在另签的抵押房屋买卖合同中约定"如庄某不能按期偿还贷款本息,愿将抵押房产产权转让给罗某",这种约定本身就是和法律相抗衡的,是法律所禁止约定的内容,即"在债务履行期届满抵押权人未受清偿时,抵押物所有权转移为债权人所有"。法律之所以这样规定,主要是为了防止债务人因一时的急迫以高价之物为较小数额债权作担保而在不能清偿时丧失所有权,造成显失公平的结果。

综上,法院认定原告与被告签订的抵押房屋买卖合同无效,因合同的目的即庄某在借款期限届满未清偿时,原告罗某可以转移抵押物的所有权实现债权。这种约定违反了《担保法》禁止性规定,有可能损害担保人的利益,因此,法院认定抵押房屋买卖合同无效是正当合理的。

第七节 质押

>>质押的概念

质押是指债务人或者第三人将其动产移交债权人占有，将该动产作为债权的担保。债务人不履行债务时，债权人有权依照本法规定以该动产折价或者以拍卖、变卖该动产的价款优先受偿。

>>质押的种类

1.动产质押

动产质押，是指质押人将动产交付给质押权人，质押权人在约定或法定的事项出现时，有权以该动产折价或拍卖、变卖该动产的价款来保护其债权的形式。

2.权利质押

权利质押，是指质押人与质押权人订立质押合同，并至相关政府机构办理车房手续，将相关的知识产权（专利权、商标权、著作权等）、证券（汇票、支票、本票、债券、存款单、仓单、提单、依法可以转让的股份、股票）及其他权利作为质押标的，质押权人在约定或法定的事项出现时，有权以该动产折价或拍卖、变卖该动产的价款来保护其债权的形式。

>>质押合同常见纠纷

（1）质物未实际交付而导致的纠纷；

（2）以权利为标的而未进行登记导致的纠纷；

（3）质押标的有瑕疵而导致的纠纷。

>>有关质押的法律规定

《中华人民共和国担保法》对质押作了以下规定：

动产质押

第六十三条　本法所称动产质押，是指债务人或者第三人将其动产移交债权人占有，将该动产作为债权的担保。债务人不履行债务时，债权人有权依照本法规定以该动产折价或者以拍卖、变卖该动产的价款优先受偿。

前款规定的债务人或者第三人为出质人，债权人为质权人，移交的动产为质物。

第六十四条　出质人和质权人应当以书面形式订立质押合同。

质押合同自质物移交于质权人占有时生效。

第六十五条　质押合同应当包括以下内容：

（一）被担保的主债权种类、数额；

（二）债务人履行债务的期限；

（三）质物的名称、数量、质量、状况；

（四）质押担保的范围；

（五）质物移交的时间；

（六）当事人认为需要约定的其他事项。

质押合同不完全具备前款规定内容的，可以补正。

第六十六条　出质人和质权人在合同中不得约定在债务履行期届满质权人未受清偿时，质物的所有权转移为质权人所有。

第六十七条　质押担保的范围包括主债权及利息、违约金、损害赔偿金、质物保管费用和实现质权的费用。质押合同另有约定的，按照约定。

第六十八条　质权人有权收取质物所生的孳息。质押合同另有约定的，按照约定。

前款孳息应当先充抵收取孳息的费用。

第六十九条　质权人负有妥善保管质物的义务。因保管不善致使质物灭失或者毁损的,质权人应当承担民事责任。

质权人不能妥善保管质物可能致使其灭失或者毁损的,出质人可以要求质权人将质物提存,或者要求提前清偿债权而返还质物。

第七十条　质物有损坏或者价值明显减少的可能,足以危害质权人权利的,质权人可以要求出质人提供相应的担保。出质人不提供的,质权人可以拍卖或者变卖质物,并与出质人协议将拍卖或者变卖所得的价款用于提前清偿所担保的债权或者向与出质人约定的第三人提存。

第七十一条　债务履行期届满债务人履行债务的,或者出质人提前清偿所担保的债权的,质权人应当返还质物。

债务履行期届满质权人未受清偿的,可以与出质人协议以质物折价,也可以依法拍卖、变卖质物。

质物折价或者拍卖、变卖后,其价款超过债权数额的部分归出质人所有,不足部分由债务人清偿。

第七十二条　为债务人质押担保的第三人,在质权人实现质权后,有权向债务人追偿。

第七十三条　质权因质物灭失而消灭。因灭失所得的赔偿金,应当作为出质财产。

第七十四条　质权与其担保的债权同时存在,债权消灭的,质权也消灭。

权利质押

第七十五条　下列权利可以质押:

(一)汇票、支票、本票、债券、存款单、仓单、提单;

(二)依法可以转让的股份、股票;

(三)依法可以转让的商标专用权,专利权、著作权中的财产权;

(四)依法可以质押的其他权利。

第七十六条　以汇票、支票、本票、债券、存款单、仓单、提单出质的,应当在合同约定的期限内将权利凭证交付质权人。质押合同自权利凭证交付之日起生效。

第七十七条　以载明兑现或者提货日期的汇票、支票、本票、债券、存款单、仓单、提单出质的，汇票、支票、本票、债券、存款单、仓单、提单兑现或者提货日期先于债务履行期的，质权人可以在债务履行期届满前兑现或者提货，并与出质人协议将兑现的价款或者提取的货物用于提前清偿所担保的债权或者向与出质人约定的第三人提存。

第七十八条　以依法可以转让的股票出质的，出质人与质权人应当订立书面合同，并向证券登记机构办理出质登记。质押合同自登记之日起生效。

股票出质后，不得转让，但经出质人与质权人协商同意的可以转让。出质人转让股票所得的价款应当向质权人提前清偿所担保的债权或者向与质权人约定的第三人提存。

以有限责任公司的股份出质的，适用公司法股份转让的有关规定。质押合同自股份出质记载于股东名册之日起生效。

第七十九条　以依法可以转让的商标专用权，专利权、著作权中的财产权出质的，出质人与质权人应当订立书面合同，并向其管理部门办理出质登记。质押合同自登记之日起生效。

第八十条　本法第七十九条规定的权利出质后，出质人不得转让或者许可他人使用，但经出质人与质权人协商同意的可以转让或者许可他人使用。出质人所得的转让费、许可费应当向质权人提前清偿所担保的债权或者向与质权人约定的第三人提存。

第八十一条　权利质押除适用本节规定外，适用本章第一节的规定。

>>经典案例

2008 年 5 月 12 日，甲公司与乙公司签订了一份柴油买卖合同，按照约定，乙公司向甲公司提供 93 号汽油 3000 吨，每吨单价 6200 元，货款总金额 1860 万元；首批供给 1000 吨，货款金额 620 万元。当甲公司向乙公司转款后 10 日内，乙公司将交货，交货日期不得超过 2008 年 5 月 20 日。如果乙公司违约给甲公司造成经济损失，乙公司承担全部责任。之后,甲公司在银行开出一张银行承兑汇票,面额为620万元,受款人为乙公司,承兑日期为2008年6月25日。该银行根据甲公司该汇票不得背书转让的要求,专门刻制了"不允许背书转让"字样的印章,加盖在该汇票的背面。此外,乙公司还要求运输费4万元,甲公司表示接受。但当乙公司收到该汇票和4万元运输费后,并没有按照合同规定进行交货。

2008年5月15日,乙公司将该汇票交给第三人丙银行作为质押,并与丙银行签订了质押贷款协议,协议约定:乙公司向丙银行贷款620万元,用于购买93号汽油,贷款划入乙公司在该银行开立的账户。协议签订不久,乙公司就将贷款的620万元拿出了50万元替丁公司清偿贷款,之后,乙公司为了支付代退货款、代付投资款等,将余下570万元贷款全部支出。

另外,乙公司与丙银行签订质押贷款合同前,丙银行为确定质押汇票的真伪,曾对甲与乙签订的购销合同及质押汇票进行过核实。法院审理此案期间,丙银行承认其知道此笔质押贷款系为乙公司购买93号汽油所贷。

在规定的交货期限内,乙公司没有履行交货义务,而且没有退还620万元的汇票,因此,甲公司向法院提起诉讼,要求乙公司返还银行承兑汇票。

>>律师在线

本案是一起被告没有按合同履行供货义务,又将原告给其的"不允许背书转让"的汇票质押给第三人,被告获得银行贷款,原告要求被告及第三人返还银行承兑汇票的案件。本案的焦点主要围绕不得转让的汇票可否作质押,以及记载有"不允许背书转让"字样是否具有禁止转让的效力等问题。

《票据法》第三十五条第二款规定:"汇票可以设定质押;质押时应当以背书记载'质押'字样。被背书人依法实现其质权,可以行使票据权利。"《票据法》作此规定的目的是,质押权人通过对汇票设定质权以保证其债权的实现，设质人以汇票作质物担保其债务的履行。汇票是流通证券，原则上可以自由流通转让，一般来说汇票持有者享有票据权利。但《票据法》第二十七条第二款规定："出票人在汇票上记载'不得转让'字样的，汇票不得转让。"这说明只有在这一法定情况下，汇票是禁止转让、限制流通的。这也是世界各国普遍的规定。

那么，不得转让的汇票能否设定质押，能否通过质押的手段，有条件地进行流通转让，我国《票据法》没有明确规定。而且从《票据法》理论上讲，汇票以背书形式设定质押，其本身不具有转让的性质，即质押背书属于非转让背书。因此，粗看上去，不得转让的汇票同样可以设定质押。但是，如果我们依据《票据法》和相关的理论细加分析，就能够推论出"不得转让的汇票不能设定质押"这样一个结论。

以汇票设定质押可能出现两种结果：第一，在设定的质押期限内，设质人履行了偿还债务的义务，赎回质物，质押关系消灭，不可能出现转让票据权利，即质押权人行使票据权利的问题；第二，设质人未能如期履行偿还债务的义务，质押权人由此获得质权，质权人将持有的汇票通过承兑付款程序，实现票据权利，票据权利由设质人转移给质权人，出现了票据权利转让的结果。这就是以汇票设定质押的真正含义，即以质权保证债权的实现。本案中，乙公司以"不允许背书转让"的汇票设定质押，在期限内没有履行偿还贷款义务，之后，乙公司又将此汇票转让转移给丙银行，倘若丙银行承兑了此汇票，那么，本案又将出现票据权利转让的问题。我国《票据法》关于出票人在汇票上记载"不得转让"字样的汇票不得转让的立法精神，旨在于维护出票人保留对其直接后手的抗辩权，以保护其票据权利。如果允许以不得转让的汇票设定质押，从而发生票据权利转让的事实，不但违背了出票人甲公司对受票人乙公司的不得转让票据权利的约定，也直接损害了甲公司对乙公司的抗辩权及其票据权利，更重要的是违反了我国《票据法》关于此类汇票不得转让的规定。因此，不得转让的汇票不能设定质押。另外，在我国台湾地区的《票据法》理论和司法实践中，就有"惟票据如已经发票人记载禁止转让者，即不得再为设定质权"的观点和做法，也正是基于上面论述的观点。

从理论上讲,以汇票设定质权,是对票据权利的一种处分行为,首先要求设质人对质物,即票据有处分权。由于不得转让的汇票在法律上有不得转让、限制流通的基本特性,受票人对持有的票据享其权利,但没有处分权,即转让权,这是为便于出票人利用法律赋予的抗辩权,保护自己的合法权益不受侵犯。可以看到,在本案中,乙公司并没有履行合同,所以根本没有权利使用汇票,也没有对汇票的处分权,而原告甲公司也有权利拒绝兑付汇票,法院对此应予以支持,同时可以认定乙公司与丙银行签订的质押贷款合同无效。

第八节 定金

>>定金概述

定金,是指合同当事人约定的,为确保合同的履行,由一方当事人预先支付给另一方的一定款项。我国《民法通则》第八十九条第三项中规定:"当事人一方在法律规定的范围内可以向对方给付定金。债务人履行债务后,定金应当抵作价款或者收回。给付定金的一方不履行债务的,无权要求返还定金;接受定金的一方不履行债务的,应当双倍返还定金。"《担保法》第八十九条中也规定:"当事人可以约定一方向对方给付定金作为债权的担保。"可见,定金也是债权担保的一种方式。

在实践活动里,合同中经常出现"订金"的字样。这有时是由当事人笔误造成的,此时,是否能够产生定金的效力?根据法释【2000】44号第一百一十八条规定:"当事人交付留置金、担保金、保证金、订约金、押金或者订金等,但没有约定定金性质的,当事人主张定金权利的,人民法院不予支持。”

>>定金合同的类型

定金，在各国法律上几乎都有规定，但不同的时期、不同的国家对定金的规定并不完全相同，概括起来，定金有以下五种：

1.立约定金

这是指为保证正式订立合同而交付的定金。法释【2000】44号规定，当事人约定以交付定金作为订立主合同担保的，给付定金的一方拒绝订立主合同的，无权要求返还定金；收受定金的一方拒绝订立主合同的，应当双倍返还定金（第一百一十五条）。

2.成约定金

这是指将定金合同作为主合同成立要件的定金，不交付定金，合同就不能成立，我国法释【2000】44号第一百一十六条允许当事人约定以交付定金作为主合同成立或者生效要件，承认了成约定金，不过，持比较宽松的态度：在主合同已经履行或者已经履行主要部分的情况下，即使给付定金的一方尚未交付定金，主合同仍然成立或者生效（第一百一十六条后段）。

3.证约定金

这是指以定金作为合同成立的证据，此种定金我国现行法律虽无明文规定，但学说认为定金的交付一般都标志着合同的存在，交付定金一方可据此证明合同已经成立，对方当事人若否定合同成立必须举证证明。证约定金不能够独立存在，往往同时具有成约定金、违约定金、立约定金的性质。

4.违约定金

这是指交付定金后，交付定金的一方如不履行合同，则收受定金的一方得没收其定金而不予返还；收受定金的一方不履行合同时应当双倍返还定金（《担保法》第八十九条）。

5.解约定金

这是指以定金作为一方保留合同解除权利的代价，即交付定金的一方得以丧失定金为代价而解除合同；收受定金的一方也得以双倍返还定金为代价而解除合同，我国《担保法》中并没有规定解约定金，但法释【2000】44 号第一百一十七条承认了解约定金。

>>定金合同的成立

定金应当由当事人双方约定，双方约定定金的协议为定金合同。定金合同应当采用书面形式(《担保法》第九十条前段)，定金合同除应当具备合同有效成立的一般条件外，还须具备以下条件：

1.应交付定金的一方向对方交付定金

定金合同为实践合同，通说认为，定金合同自交付时起成立。《担保法》第九十条中也明确规定："定金合同自交付定金之日起生效。"所以，虽然当事人有关于定金的约定，但未实际交付的，定金担保尚不能成立。从交付定金来说，当事人应当按照约定的时间交付，当事人未在规定的时间交付或者交付的数额不足约定数额的，而另一方当事人又接受的，可以视为当事人双方对定金合同的变更，定金仍从实际交付之日起于交付的实际数额上成立。

2.须主合同有效

定金合同是从合同，定金所担保的合同为主合同。从合同的效力决定于主合同。因此，在主合同无效或者被撤销时，定金合同也就不能发生效力，即使一方交付定金，定金担保也不成立，除非担保合同另有约定(《担保法》第五条第一款后段)。

3.定金数额须在法定的数额以内

关于定金的数额，应由当事人自由约定，但当事人对于定金的约定不能超过法律规定的最高限额。我国《担保法》第九十一条规定："定金的数额由当事人约定，但不得超过主合同标的额的百分之二十。"当事人交付的定金超过法律规定最高限额的，超过的部分应为无效，即不能作为定金，但不能认定为定金全部无效(法释【2000】44 号第一百二十一条)。

>>定金合同的效力

定金合同的效力,依定金合同的性质不同而有所不同。

1.成约定金和证约定金的效力

成约定金的效力是不交付定金则主合同不成立,但不发生定金罚则的效力,证约定金的效力在于证明合同成立,也不具有定金罚则的效力。

2.解约定金的效力

解约定金具有解除合同的效力,交付定金的一方放弃定金,收受定金的一方双倍返还定金都可以解除合同,而且只要合同中没有解约人承担违约责任的约定,解约人无需再承担其他责任。如果主合同具备了法律规定的或者约定的解除权发生的条件,解约人据此而行使解除权,则适用法定或者约定解除的规则,无需放弃或双倍返还定金。

3.立约定金的效力与违约定金的效力

当事人违反预约的约定,不订立主合同本身就是违约行为,因此,立约定金与违约定金在实质上是一致的。违约定金罚则生效有两种除外的情况:其一,因不可抗力、意外事件致使主合同不能履行的,不适用定金罚则(法释【2000】44 号第一百二十二条);其二,当事人一方不完全履行合同的,应当按照未履行部分所占合同约定内容的比例,适用定金罚则(法释【2000】44 号第一百二十条),此处的不完全履行是指不完全履行合同的给付义务,不应包含附随义务和不真正义务。

>>有关定金的法律规定

《中华人民共和国担保法》对留置作了以下规定:

第八十九条 当事人可以约定一方向对方给付定金作为债权的担保。债务人履行债务后,定金应当抵作价款或者收回。给付定金的一方不履行约定的债务的,无权要求返还定金;收受定金的一方不履行约定的债务的,应当双倍返还定金。

第九十条 定金应当以书面形式约定。当事人在定金合同中应当约定交付定金的期限。定金合同从实际交付定金之日起生效。

第九十一条 定金的数额由当事人约定,但不得超过主合同标的额的百分之二十。

>>经典案例

2008 年 6 月,原告孙某与被告某房地产公司签订了一份购房合同。合同约定:原告购买房地产公司的房屋一套,原告在签订协议时向被告支付定金 10 万元,原告在被告通知的日期放弃购买或到期不签约,不返还定金;这期间,被告私自将房屋卖给他人,返还原告双倍定金。之后,原告向被告交纳定金,被告告知原告于 6 月 20 日签订合同。7 月 8 日,原告找到房地产公司,要求对合同中的一些条款作修改,当时公司未表示同意,只是在原告递交的书面材料上写明"该客户意见已收到"。8 月 10 日,被告通知原告因其在规定时间内没有到房地产公司签订购买合同,因此,按照约定不返还定金。为此,原告向人民法院提起诉讼,要求返还定金。

一审法院经审理认为:原告没有在 6 月 20 日到被告处签订合同,构成违约,被告有权没收定金。据此,对原告的诉讼予以驳回。一审判决后,原告感到不服,于是向法院提起上诉,二审法院认为双方签订的是预约合同,确定之内容单方无权更改;未确定内容应由双方继续谈判,在公平公正的谈判后,双方未达成协议的,或因不可归责于双方当事人的事由而未订立合同,则不存在违约,定金应该返还。其中一方如果认为对方违约,必须提出证据。据此,本案中,因原告和被告都没有提供相应违约证据,可以认定为磋商不成。法院判决撤销一审判决,被告返还原告定金 10 万元。

>>律师在线

根据有关法律规定,双方当事人在约定定金时,双方必须意见一致,同时需要对约定定金予以实际交付。定金合同成立后,可以发生以下三方面的效力:一是证明合同的成立;二是在合同履行后,定金可以抵作价款;三是在合同不履行时,适用定金罚则。

本案中,虽然原告没有在规定时间内与被告签订购房合同,但这是因为对于原告提出的合同条款修改建议,被告一直没有给予明确答复,因此,是被告拒绝继续交易,而原告并非无故违反预约协议。根据以上分析,本案合同签约不成的原因应当认定为出于正常磋商不成的原因,按照法律规定,被告必须返回原告定金。

第九节 留置

>>留置权的概念

债权人按照合同约定占有债务人的动产,债务人不按照合同约定的期限履行债务的,债权人有权依照本法规定留置该财产,以该财产折价或者以拍卖、变卖该财产的价款优先受偿。

>>留置权的法律特征

留置权作为一种法定担保物权,具有如下特征:

(1)留置只能是合同关系的债权人相对债务人行使的一种民事权利,具有主体的特定性;

(2)所留置的财产,因合同关系而处于债权人的合法占有之下,具有客体的合法性和特定性;

(3)所留置的财产必须是动产,不动产不适用留置,具有标的物的限制性;

(4)被留置财产与合同双方当事人之间的权利义务有密切关系,非因被留置财产产生的债权则不能留置该财产,具有因果关联性。

>>留置担保的范围

留置权的被担保债权的范围与抵押权、质权基本相同,有以下几项:

(1)主债权。指留置权人基于合同而发生的要求债务人履行主要义务的权利,又称为原债权或本债权。主债权的全部受留置权的担保,但债权人基于合同享有的附属于主债权的权利不在担保范围之内。例如,在运送合同中,承运人享有的请求支付运费等费用的债权为主债权,受留置权的担保,而承运人享有的其他从权利,如要求清扫车厢等权利则不在担保范围内。

(2)利息。指留置物即原物产生出来的收益,分为法定利息和约定利息。对留置权来讲,主要是指迟延履行债务的利息。

(3)违约金。指合同当事人违反合同时依法律规定或合同约定应向对方支付的款项,也是违约方应承担的一种重要的民事责任形式。

(4)损害赔偿金。指债务人因不履行债务而对留置权人造成损害时应承担赔偿债权人损失的民事责任。损害赔偿金须以债权人实际上有损失,并且该损失与债务人不履行债务有因果关系为前提。

(5)实现留置权的费用。指留置权人在拍卖、变卖留置物的过程中所花费的金钱,如留置物估价费、拍卖费、催告通知费、诉讼费等。

(6)留置物保管费用。留置权人有妥善保管留置物的义务,同时有权向留置人请求保管费用,如留置牛、马时的饲养费、治疗费等。

>>债权人如何实现留置权

债权人与债务人应当在合同中约定,债权人留置财产后,债务人应当在不少于两个月的期限内履行债务。债权人与债务人在合同中未约定的,债权人留置债务人财产后,应当确定两个月以上的期限,通知债务人在该期限内履行债务。

债务人逾期仍不履行的,债权人可以与债务人协议以留置物折价,也可以依法拍卖、变卖留置物。

留置物折价或者拍卖、变卖后,其价款超过债权数额的部分归债务人所有,不足部分由债务人清偿。

>>留置权合同常见纠纷

(1)留置不当;

(2)债权人未尽妥善保管义务;

(3)留置权人擅自将留置物出租或担保的;

(4)留置权人未履行通知义务,直接处分留置物的;

(5)留置权与抵押权竞合时的处理。

>>有关留置的法律规定

《中华人民共和国担保法》对定金作了以下规定:

第八十二条　本法所称留置,是指依照本法第八十四条的规定,债权人按照合同约定占有债务人的动产,债务人不按照合同约定的期限履行债务的,债权人有权依照本法规定留置该财产,以该财产折价或者以拍卖、变卖该财产的价款优先受偿。

第八十三条　留置担保的范围包括主债权及利息、违约金、损害赔偿金、留置物保管费用和实现留置权的费用。

第八十四条　因保管合同、运输合同、加工承揽合同发生的债权,债务人不履行债务的,债权人有留置权。

法律规定可以留置的其他合同,适用前款规定。

当事人可以在合同中约定不得留置的物。

第八十五条　留置的财产为可分物的,留置物的价值应当相当于债务的金额。

第八十六条　留置权人负有妥善保管留置物的义务。因保管不善致使留置物灭失或者毁损的,留置权人应当承担民事责任。

第八十七条　债权人与债务人应当在合同中约定,债权人留置财产后,债务人应当在不少于两个月的期限内履行债务。债权人与债务人在合同中未约定的,债权人留置债务人财产后,应当确定两个月以上的期限,通知债务人在该期限内履行债务。

债务人逾期仍不履行的,债权人可以与债务人协议以留置物折价,也可以依法拍卖、变卖留置物。

留置物折价或者拍卖、变卖后,其价款超过债权数额的部分归债务人所有,不足部分由债务人清偿。

第八十八条 留置权因下列原因消灭:

(一)债权消灭的;

(二)债务人另行提供担保并被债权人接受的。

>>经典案例

从 2012 年 2 月 15 日到 2013 年 2 月 15 日,被告某汽车公司将一辆故障轿车送至原告某汽车修理厂修理,但未支付修理费 5000 元,也一直没有提走车辆。原告曾多次通知被告提车,被告以无款为由迟延提车,车在原告处停放已经一年。于是,原告向人民法院提起诉讼,要求被告支付 5000 元的修理费,以及车辆保管在修理厂一年的费用。被告承认拖欠修理费,但不同意支付保管费用。其理由是:被告曾去提车,但原告以未支付修理费为由拒绝其提车。也就是说,并不是被告要求在原告处保管车辆的,因此,也不应当承担保管费用。

法院在审理过程中就车辆保管费应不应由被告支付有两种意见。

第一种意见:被告到原告处修车,被告应当支付 5000 元修理费,在被告去提车时,原告以未支付修理费为由拒绝其提车。因为是原告拒绝被告提走车辆,当然有责任保管车辆。而由此生出的车辆保管费用当然与被告无关,理应由原告自己承担。

第二种意见:原告为被告修理车辆,在完成工作后,被告支付修理费是理所应当的,被告不能以无款为由不支付修车费,此行为已经构成违约。因原告没有支付修理费,所以被告扣押车辆,这种行为并无过错。按照相关法律规定,原告在妥善保管了被告的留置物(修理车辆)后,原告依法有权请求留置物所有人支付因留置物的保管而支出的必要费用,即车辆保管费。

最终,法院对原告的请求予以支持,判决如下:被告支付原告 5000 元修理费,以及原告要求的 5000 元车辆保管费,共计 1 万元。

>>律师在线

本案涉及留置权的行使和留置物保管费用承担问题。

留置权是指债权人按照合同约定占有债务人的动产,债务人不按照合同约定的期限履行债务的,债权人所享有的依照法律规定留置该财产,以该财产折价或者以拍卖、变卖该财产的价款优先受偿的权利。行使留置权的法律要件是:

1.须债权人占有属于债务人的特定物

本案中汽车修理厂占有汽车公司的汽车即属此例。

2.须债权发生与该留置物具有牵连关系

所谓有牵连关系,系指债权与物的返还请求系基于同一法律关系而发生。换句话说,债权人享有的债权与其所负担的物之返还义务是同一项债的内容(如本案原告享有的债权与负担的将所修汽车交付对方的义务都是基于同一加工承揽关系)。

3.须债权已届清偿期

留置权系因债务人不履行债务而发生,而债务人是否履行债务,只有当债务履行期限届至才能认定。

我国《合同法》第二百六十四条规定:“定作人未向承揽人支付报酬或者材料费等价款的,承揽人对完成的工作成果享有留置权,但当事人另有约定的除外。”《合同法》第三百八十条规定:“寄存人未按照约定支付保管费以及其他费用的,保管人对保管物享有留置权,但当事人另有约定的除外”。可见,根据《合同法》的规定,因保管合同、加工承揽合同发生的债权,债务人不履行债务的,债权人有留置权。债务人不履行债务,债权人可依法单方行使留置权。行使留置权属于仅有当事人一方的意思表示即可成立的单方民事法律行为。本案中,修车合同属于加工承揽合同,合同双方没有关于不得留置的约定。因此,原告在将车修好、被告未向其支付报酬(修车费)的情况下,对该汽车公司的汽车行使了留置权是有法律根据的。

我国《担保法》第八十三条规定:“留置担保的范围包括主债权及利息、违约金、损害赔偿金、留置物保管费用和实现留置权的费用。”所谓留置物保管费用,是指留置权人留置标的物期间,因保管留置物所支出的必要费用。留置物保管费用,也属于留置担保的债权范围之一。因为留置物保管费用是由于债务人不履行债务而留置权人为保管留置物所必然产生的费用,当然要由债务人承担。本案原告在留置被告汽车过程中,依法履行了对债务人的通知义务和善良保管义务,所以有权要求债务人支付相应的留置物保管费用,因此法院支持原告的诉讼请求也是应该的。

第十节 你问我答

问:什么是留置?在什么情况下可以使用留置的方式保护自己的债权?

答:虽然法律法规中多次提及留置一词,但很多人还是对留置的定义并不了解。留置是指债权人按照合同的约定占有债务人的动产,债务人不按照合同约定的期限履行债务的,债权人有权依照担保法的规定留置该财产,以该财产折价或者以拍卖、变卖该财产的价款优先受偿。在履行合同的过程中,留置是债权人保护自己债权的一种方式,但是留置权的行使是需要符合一定的条件的。根据有关法律规定,享有留置权的债权人,其债权只能是在保管合同、运输合同、加工承揽合同中发生的债权。另外,留置权人负有妥善保管留置物的义务,对债务人的留置物必须妥善保管,不得灭失或者毁损,否则将依法承担民事责任。除此之外,债权人与债务人应当在合同中约定,债权人留置财产后,债务人应当在不少于 2 个月的期限内履行义务。如果债务人在规定期限没有履行义务，债权人可以就处理留置物的问题与债务人协商，留置物可以折价、拍卖或变卖。留置物折价或者拍卖、变卖后，其价款超过债权数额的部分归债务人所有，不足部分由债务人清偿。

问：定金和预付款有什么区别？

答：定金和预付款的性质是不同的。定金具有担保性质，依照定金法律关系的要求，在合同如期履行的情况下，一方可以将定金抵为价款；如果支付定金的一方按期未履行合同，则无权请求返还定金；接受定金的一方不履行合同，应当双倍返还定金。预付款则不具有这种性质。如果支付预付款的一方按期未履行合同，另一方可以要求违约金和赔偿金，即没收预付款的一部分或全部，其中余款应退还给预付方；如果接受预付款一方不履行合同，应将预付款返还给预付方，并按照规定支付违约金或赔偿金，但不一定是双倍的。根据我国货币管理的规定，使用预付款有一定的范围，不得随意使用。

此外，根据《最高人民法院关于适用<中华人民共和国担保法>若干问题的解释》的规定：“因不可抗力、意外事件致使主合同不能履行的，不适用定金罚则。因合同关系以外第三人的过错，致使主合同不能履行的，适用定金罚则。受定金处罚的一方当事人，可以依法向第三人追偿。”

问：企业法人的分支机构或职能部门提供保证的，怎样认定保证效力和民事责任的承担？

答：《中华人民共和国担保法》第二十九条规定：“企业法人的分支机构未经法人书面授权或者超出授权范围与债权人订立保证合同的，该合同无效或者超出授权范围的部分无效，债权人和企业法人有过错的，应当根据其过错各自承担相应的民事责任；债权人无过错的，由企业法人承担民事责任。”

《最高人民法院关于适用<中华人民共和国担保法>若干问题的解释》第十七条规定：“企业法人的分支机构未经法人书面授权提供保证的，保证合同无效。因此给债权人造成损失的，应当根据担保法第五条第二款的规定处理。企业法人的分支机构经法人书面授权提供保证的，如果法人的书面授权范围不明，法人的分支机构应当对保证合同约定的全部债务承担保证责任。企业法人的分支机构经营管理的财产不足以承担保证责任的，由企业法人承担民事责任。企业法人的分支机构提供的保证无效后应当承担赔偿责任的，由分支机构经营管理的财产承担。企业法人有过错的，按照担保法第二十九条的规定处理。”第十八条规定：“企业法人的职能部门提供保证的，保证合同无效。债权人知道或者应当知道保证人为企业法人的职能部门的，因此造成的损失由债权人自行承担。债权人不知保证人为企业法人的职能部门，因此造成的损失，可以参照担保法第五条第二款的规定和第二十九条的规定处理。”

问：借款人把借款交给保证人后是否还有还款义务？

答：根据《担保法》第十九条的规定：“当事人对保证方式没有约定或者约定不明确的，按照连带责任保证承担保证责任。”根据《担保法》第二十九条的规定：“连带责任保证的保证人与债权人未约定保证期间的，债权人有权自主债务履行期届满之日起六个月内要求保证人承担保证责任。在合同约定的保证期间和前款规定的保证期间，债权人未要求保证人承担保证责任的，保证人免除保证责任。”

借款人将借款交给连带责任保证人，其实质是连带债务人之间的内部约定，对债权人没有约束力。债权人有权要求债务人和连带责任保证人承担连带清偿责任。当然，借款人如果清偿了该笔债务，就有权向保证人追偿。

问：在借贷关系中仅起联系、介绍作用的人承担保证责任吗？

答：根据我国《民法通则》第九十条的规定：“合法的借贷关系受到法律保护。”但是，债权债务关系具有相对性，也就是说，债权人只能请求债务人偿还债务，而不能请求债务人之外的第三人偿还债务，除非第三人依法对债权人承担法律责任，如担保责任。贷款人把钱借给了借款人，于是在贷款人与借款人之间形成借贷关系。借款人负有偿还贷款人借款的义务，贷款人具有请求借款人偿还借款的权利。如果贷款人要求介绍人替借款人偿还借款，那么必须证明介绍人是担保人，应当承担保证责任。

《最高人民法院关于人民法院审理借贷案件的若干意见》第十三条规定:“在借贷关系中,仅起联系、介绍作用的人,不承担保证责任。对债务的履行确有保证意思表示的,应认定为保证人,承担保证责任。”

问:为“以贷还贷”的借款合同提供保证的,承担保证责任吗?

答:所谓“以贷还贷”,是指金融机构与借款人约定以新贷款偿还旧贷款的行为。目前,“以贷还贷”在金融机构贷款业务中是个普遍现象。

根据《最高人民法院关于适用<中华人民共和国担保法>若干问题的解释》第三十九条的规定:“主合同当事人双方协议以新贷偿还旧贷,除保证人知道或者应当知道的外,保证人不承担民事责任。新贷与旧贷系同一保证人的,不适用前款的规定。”

此外,我国《担保法》第三十条规定,有下列情形之一的,保证人不承担民事责任:主合同当事人双方串通,骗取保证人提供保证的;主合同债权人采取欺诈、胁迫等手段,使保证人在违背真实意思的情况下提供保证的。

问:购买作为借款抵押物的汽车,买主能取得抵押物的所有权吗?

答:抵押人以汽车作为抵押借款的抵押物,并办理了抵押物登记,抵押合同有效,我国法律对抵押权人的抵押权是予以保护的。我国《担保法》对抵押人转让已办理登记的抵押物有明确规定,其中第四十九条第一款规定:“应当通知抵押权人并告知受让人转让物已经抵押的情况;抵押人未通知抵押权人或者未告知受让人的,转让行为无效。”根据我国《物权法》第一百九十一条第二款规定:“抵押期间,抵押人未经抵押权人的同意,不得转让抵押财产,但受让人代为清偿债务以消灭抵押权的除外。”据此,汽车买主并未取得抵押物的所有权,故在抵押权人主张行使抵押权时,法院可以根据抵押权人的申请对抵押物予以查封、扣押,进行财产保全。其中,买主的损失可以要求卖主给予赔偿。

问:抵押物上设立重复抵押时,抵押权人怎样实现抵押权?

答:所谓抵押权的实现,就是在债务人逾期未清偿债务的情况下,抵押权人得就抵押物协议折价优先受偿,或就抵押物拍卖、变卖价款优先受偿,以实现债权的行为。我国《担保法》第五十三条规定,债务履行期届满抵押权人未受清偿的,可以与抵押人协议以抵押物折价或者以拍卖、变卖该抵押物所得的价款受偿;协议不成的,抵押权人可以向人民法院提起诉讼。抵押物折价或者拍卖、变卖后,其价款超过债权数额的部分归抵押人所有,不足部分由债务人清偿。

所谓重复抵押,就是同一财产向两个以上债权人设立抵押权的情形。我国《担保法》第五十四条规定,同一财产向两个以上债权人抵押的,拍卖、变卖抵押物所得的价款按照以下规定清偿:(一)抵押合同以登记生效的,按照抵押物登记的先后顺序清偿;顺序相同的,按照债权比例清偿;(二)抵押合同自签订之日起生效的,该抵押物已登记的,按照本条第(一)项规定清偿;未登记的,按照合同生效时间的先后顺序清偿,顺序相同的,按照债权比例清偿。抵押物已登记的先于未登记的受偿。《最高人民法院关于适用<中华人民共和国担保法>若干问题的解释》第七十八条规定,同一财产向两个以上债权人抵押的,顺序在后的抵押权所担保的债权先到期的,抵押权人只能就抵押物价值超出顺序在先的抵押担保债权的部分受偿。顺序在先的抵押权所担保的债权先到期的,抵押权实现后的剩余价款应予提存,留待清偿顺序在后的抵押担保债权。

问:个人住房贷款对抵押有什么要求?个人住房贷款对质押有什么要求?个人住房贷款对保证有什么要求?

答:《个人住房贷款管理办法》第五章对个人住房贷款中的抵押问题作了详细规定。根据第十五条的规定,贷款抵押物应当符合《中华人民共和国担保法》第三十四条的规定。《中华人民共和国担保法》第三十七条规定不得抵押的财产不得用于贷款抵押。根据第十六条的规定,借款人以所购自用住房作为贷款抵押物的,必须将住房价值全额用于贷款抵押。根据第十七条的规定,以房地产作抵押的,抵押人和抵押权人应当签订书面抵押合同,并于放款前向县级以上地方人民政府规定的部门办理抵押登记手续,并于放款前向县级以上地方人民政府规定的部门办理抵押登记手续。抵押合同的有关内容按照《中华人民共和国担保法》第三十九条规定确定。根据第十八条的规定,借款人对抵押的财产在抵押期内必须妥善保管,负有维修、保养、保证完好无损的责任,并随时接受贷款人的监督检查。对设定的抵押物,在抵押期届满之前,贷款人不得擅自处分。根据第十九条的规定,抵押期间,未经贷款人同意,抵押人不得将抵押物再次抵押或出租、转让、变卖、馈赠。根据第二十条的规定,抵押合同自抵押物登记之日起生效,至借款人还清全部贷款本息时终止。抵押合同终止后,当事人应按合同的约定,解除设定的抵押权。以房地产作为抵押物的,解除抵押权时,应到原登记部门办理抵押注销登记手续。

根据《个人住房贷款管理办法》第二十一条的规定,采取质押方式的,出质人和质权人必须签订书面质押合同,《中华人民共和国担保法》规定需要办理登记的,应当办理登记手续。质押合同的有关内容,按照《中华人民共和国担保法》第六十五条的规定执行。生效日期按第七十六条至七十九条的规定执行。质押合同至借款人还清全部贷款本息时终止。根据《个人住房贷款管理办法》第二十二条的规定,对设定的质物,在质押期届满之前,贷款人不得擅自处分。质押期间,质物如有损坏、遗失,贷款人应承担责任并负责赔偿。

根据《个人住房贷款管理办法》第二十三条的规定,借款人不能足额提供抵押(质押)时,应有贷款人认可的第三方提供承担连带责任的保证。保证人是法人的,必须具有代为偿还全部贷款本息的能力,且在银行开立有存款账户。保证人为自然人的,必须有固定经济来源,具有足够代偿能力,并且在贷款银行存有一定数额的保证金。根据《个人住房贷款管理办法》第二十四条的规定,保证人与债权人应当以书面形式订立保证合同。保证人发生变更的,必须按照规定办理变更担保手续,未经贷款人认可,原保证合同不得撤销。

问:助学贷款必须采取担保贷款方式吗?

答:根据《助学贷款管理办法》和《中国人民银行、教育部、财政部关于助学贷款管理的若干意见》的规定,助学贷款包括国家助学贷款和一般商业性助学贷款两类。国家助学贷款是按照《贷款通则》和《助学贷款管理办法》的规定以及国家有关助学贷款的文件精神,由各商业银行和城乡信用社自主办理、国家财政贴息的,适用于中华人民共和国(不含香港和澳门特别行政区、台湾地区)高等学校中经济确实困难的全日制本专科学生(含高职生)、研究生、第二学位学生的助学贷款。国家助学贷款范围限于申请贷款学校经济困难的全日制本专科学生(含高职生)、研究生和第二学位学生的学费、住宿费和生活费。一般商业性助学贷款是指各商业银行和城乡信用社对正在接受非义务教育学习的学生或其直系亲属、或法定监护人发放的商业性贷款;只能用于学生的学杂费、生活费以及其他与学习有关的费用。一般商业性助学贷款财政不贴息。

《助学贷款管理办法》第二条规定:"助学贷款可采取无担保(信用)助学贷款和担保助学贷款方式。"第三条规定:"贷款人对高等学校的在读学生(包括专科、本科和研究生,以下简称借款人)发放无担保(信用)助学贷款,对其直系亲属、法定监护人(以下简称借款人)发放无担保(信用)助学贷款和担保助学贷款。"

第五章 债的变更与移转

第一节 绪论

债一经有效成立，双方当事人即应当就债的内容予以全面适当地履行。但是在尊重当事人意思自治的前提下，法律也规定或者认可当事人可以就债的主体、内容及客体，按照法律的规定或者双方的约定，在不违反法律规定和公序良俗的前提下，作出一定新的安排。

债的变更有广义和狭义之分。

1.狭义的债的变更

从狭义上看，所谓债的变更就是指债的内容的变更，即债成立后，尚未履行或者尚未完全履行之前，当事人通过协议修改或者补充债的内容，变更其权利义务。

2.广义的债的变更

债的内容（债权与债务）与客体（债权债务共同指向的对象）是密不可分的，因此债的内容的变更与债的客体的变更是联系在一起的，债的内容的变更就能引起债的客体变更。故从这个意义上来说，广义上债的变更可以分为债的主体变更与债的内容的变更。

主体的变更就是债权或债务的转让，即由新的债权人或者债务人替代原债权人或者债务人享有权利或者承担债务，而债的内容并无变化。债权人的变更称为债权转让或者债权移转,债务人的变更称为债务移转。

债的内容的变更则是指当事人之间权利和义务的变化。

第二节 债的变更的概念与条件

>>债的变更的概念

债的变更,一般仅指狭义上债的变更,即不改变债的主体而改变债的内容的情形。债的变更只能发生在债成立之后且尚未履行或者尚未完全履行之前。尚未成立的债和已经终止的债,由于并没有债的内容存在,因此不可能产生债的变更。

>>债的变更的条件

1.须变更的债为有效之债

债的变更是建立在原来存在有效的债的关系上的,如果原来并不存在合法有效的债的关系,就不会发生债的变更。

2.须有债的内容的变更

这些变化包括标的物数量的增减、品质的改变;价金或酬金的增减;履行期限变更;履行地点变更;履行方式的改变;结算方式的改变;所附条件的增减或除去;单纯之债变成选择之债;担保的设定或消灭;利息的变化,等等。

3.债的变更须依当事人意思表示或者依法律的直接规定以及裁判机构的裁决进行

(1)债的变更通常是基于当事人的约定。在合同之债中,合同作为当事人双方意思表示一致的协议,当然可以因双方当事人的约定而变更。不过当事人对于变更合同内容的约定应当是明确的,约定不明确的,推定为未变更。并且,变更的内容不得违反法律的规定,不得损害国家、集体以及第三人的合法权益,不得违反社会的公序良俗。

在侵权之债中,双方当事人经协商一致当然也可以变更债的内容。如就赔偿数额、赔偿范围等都可以自由协商变更。

债的变更也可以因有形成权的一方当事人的意思而变更,譬如,选择权人依法行使自己的选择权,将选择之债变更为了简单之债。

(2)债的变更也可以基于法律规定而发生。基于法律规定而发生债的变更多发生于法定之债中。如债务人不履行合同约定的债务,且债务的履行对债权人已经没有意义时,合同之债就转化为损害赔偿之债。

(3)债还可以因人民法院、仲裁机构的裁决而发生变更。如对于因重大误解而订立的合同或者显失公平的合同,当事人可以申请变更或者撤销,申请变更的,人民法院或者仲裁机构可以予以变更。

4.债的变更须依法定的方式

法律要求对合同变更须办理批准、登记手续的,应遵照法律的规定。如中外合资企业合同变更,新增注册资本应办理变更登记手续。

第三节 债的变更的情形

>>债的变更的情形

1.履行过程中的变更

在债的履行过程中,双方当事人基于合意或形势的变更,认为按原合同的约定履行义务不符合双方的利益。因此,在履行各自义务的过程中,将债的权利与义务进行变更。这种变更主要发生在合同之债中。

2.履行前的变更

在合同履行前,双方当事人基于合意或形势的变更,认为按原合同的约定履行义务不符合双方的利益。因此,在履行各自义务的过程中,将债的权利与义务进行变更。

3.履行后的变更

在合同履行后,基于双方的合意或客观情势的变化,导致合同的权利义务发生变更的情况。

>>经典案例一

2002 年 8 月 15 日,原告某粮库与被告某粮油公司签订了买卖合同。合同约定,原告向被告提供 30000 吨小麦,被告向原告支付价款,价款按国家顺价而定,供货时间为 2003 年 9 月 1 日至 12 月 1 日。关于小麦收购价格,双方在合同中规定:“按国家顺价,价格另议;质量为国标二等以上。”而针对小麦的送货地点和运输交通工具,合同并没有作出具体规定。2003 年 11 月 2 日,原告要求被告接货。被告提出按照 2003 年国家保护价格收购,但原告认为,借款应当按照合同签订的年份,即 2002 的国家保护价格计算。双方就此事发生争议,被告坚持认为应当按照 2003 年国家保护价格进行付款,而原告则坚持认为应当按照 2002 的国家保护价格计算价款。最终,双方不能达成一致意见。随后双方为此多次协商,但没有达成协议,原告多次催促被告接货,但被告以价款没有确定为由拒绝接货。于是,原告向人民法院提起诉讼,要求被告按照 2002 年国家保护价格收购小麦并承担违约责任。

>>律师在线

本案涉及合同条款不明确的法律问题。一般情况下,即使合同中存在漏洞,合同也依然有效。除非是合同的必要条款出现漏洞。本案中的纠纷主要基于双方对于合同中的“按国家顺价,价格另议”的不同理解。《中华人民共和国合同法》第六十一条:合同生效后,当事人就质量、价款或者报酬、履行地点等内容没有约定或者约定不明确的,可以协议补充;不能达成补充协议的,按照合同有关条款或者交易习惯确定。

第六十二条:当事人就有关合同内容约定不明确,依照《合同法》第六十一条的规定仍不能确定的,如果价款或者报酬不明确的,按照订立合同时履行地的市场价格履行;依法应当执行政府定价或者政府指导价的,依照规定履行。

第六十三条:执行政府定价或者政府指导价的,在合同约定的交付期限内政府价格调整时,按照交付时的价格计价。逾期交付标的物的,遇价格上涨时,按照原价格执行。价格下降时,按照新价格执行。逾期提取标的物或者逾期付款的,遇价格上涨时,按照新价格执行;价格下降时,按照原价格执行。

《最高人民法院关于适用<中华人民共和国合同法>若干问题的解释(一)》第一条:《合同法》实施以后成立的合同发生纠纷起诉到人民法院的,适用《合同法》的规定;《合同法》实施以前成立的合同发生纠纷起诉到人民法院,除本解释另有规定的以外,适用当时的法律规定,当时没有法律规定的,可以适用《合同法》的有关规定。

第二条:合同成立于《合同法》实施之前,但合同约定的履行期限跨越《合同法》实施之日或者履行期限在《合同法》实施之后,因履行合同发生的纠纷,适用《合同法》第四章的有关规定。

第三条:人民法院确认合同效力时,对《合同法》实施以前成立的合同,适用当时的法律合同无效而适用《合同法》合同有效的,则适用《合同法》。

本案中的价款遵照"按国家顺价"的规定,也即按交货时的国家顺价确定价格条款。据此,原告的要求法院不予支持,本案中的价款应当按照2003年国家保护价格支付。

>>经典案例二

2010年8月16日,原告A公司与被告B公司签订了一份煤炭购销合同。合同约定:A公司向B公司提供煤炭500吨,单价为每吨500

元(此为4月份的价格),交货日期为2010年12月20日。B公司在接到货后,支付25万元价款。合同签订后,煤炭市场价格一直上涨。直至同年12月,煤炭上涨至每吨1000元,于是A公司提议修改合同,变更煤炭单价为每吨1000元,但B公司认为,A公司没有权利对合同进行修改,遂当即拒绝,并将A公司诉至法院,要求按原约定履行,A公司则反诉要求解除合同。

>>律师在线

本案涉及合同的变更问题。

《中华人民共和国合同法》第七十七条:当事人协商一致,可以变更合同。法律、行政法规规定变更合同应当办理批准、登记等手续,依照其约定。

第七十八条:当事人对合同变更的内容约定不明确的,推定为未变更。

《中华人民共和国民法通则》第八十五条:合同是当事人之间设立、变更、终止民事关系的协议。依法成立的合同,受法律的保护。

第一百一十五条:合同的变更或者解除,不影响当事人要求赔偿损失的权利。

根据以上规定,当事人协商一致的,可以变更合同。但如果合同在未履行之前发生了变化,如果依照债的本来约定履行,势将会损害合同一方的合法利益。那么,为了维护当事人的合法利益,须要对履行作出适当变更,但这种变更原则是只向将来发生效力,而未变更的权利义务仍然有效,已经履行的债务不因合同的变更而失去法律依据,合同的变更也不影响当事人要求赔偿损失的权利。

>>经典案例三

2010年5月15日,袁某与尚某签订了一份租房合同,合同约定:袁某将自己名下的一间楼房出租给尚某,合同约定期限5年,每月租金2000元。尚某向袁某支付房租每年一次。2011年4月15日,袁某找到尚某，提议变更合同内容，即将房屋租期改为 3 年，尚某表示同意，随即袁某与尚某达成口头协议，但并未订立新的合同。在租期届满 3 年后，尚某并没有搬出房子，于是，袁某找到尚某交涉，但尚某认为，二人达成的口头协议并不具有效力，而双方签订的 5 年租约依然有效，所以拒绝搬出房子。至此，袁某诉至法院，要求尚某搬出房子。

>>律师在线

不管是何种变更，对债务人与债权人双方而言，都存在双方对履行的结果会产生不满意的可能性。这也正是双方发生争议的主要原因，想要避免这种纠纷，就需在可能出现合同变更的情形下，及时向对方履行告知义务。

本案涉及合同变更的法律问题，袁某已经与尚某签订了 5 年的租房合同，在合同履行后，袁某又对合同提出了变更，但是以口头的方式对合同中的期限作的约定。

《中华人民共和国民法通则》第八十五条：合同是当事人之间设立、变更、终止民事关系的协议，依法成立的合同，受法律的保护。

第八十八条：合同的当事人应当按照合同的约定，全部履行自己的义务。合同中有关质量、期限、地点或者价款约定不明确，按照合同有关条款内容不能确定，当事人又不能通过协商达成协议的，适用下列规定：履行期限不明确的，债务人可以随时向债权人履行义务，债权人也可以随时要求债务人履行义务，但应当给对方必要的准备时间。

《中华人民共和国合同法》第七十七条：当事人协商一致，可以变更合同。法律、行政法规规定变更合同应当办理批准、登记等手续的，依照其规定。

第七十八条：当事人对合同变更的内容约定不明确的，推定为未变更。

第二百一十五条：租赁期限六个月以上的，应当采用书面形式。当事人未采用书面形式的，视为不定期租赁。

本案中双方关于 5 年租期的约定是书面的，后双方又口头约定的

3年租期,租期都超过了法律六个月以上的规定,所以,应当依法签订书面合同。而案例中却只达成口头协议,由此根据该条规定双方的合同视为不定期租赁合同,而不定期租赁合同中,双方随时都可解除合同。综上,袁某让尚某搬出房子是正当合理的,而尚某应当按约定搬出房子。

第四节 债的变更的效力

>>债的变更的效力

债的变更会产生以下效力:

1.债的变更使债的内容发生改变

债的内容变更以后,被变更的部分即失去法律上的效力;变更的部分,在完成变更程序之后,即产生了新的债权债务。譬如合同变更后,合同之债的当事人都应当按照变更后的内容行使权利和履行债务,被变更的合同之债的内容就对当事人不再具有法律上的拘束力。

2.债的变更原则上仅向将来有效

这意味着,合同变更对于已经履行的债务,没有溯及力,任何一方不得因债的变更要求对方返还已经作出的履行,但法律另有规定或者当事人另有约定者除外。

3.债的变更不影响当事人要求赔偿损失的权利

债的变更过程中使一方当事人遭受损失,除依法或者依约可以免除责任的以外,有过错的一方应当承担赔偿损失的责任。合同中原来约定的争议条款的效力,继续有效。

>>经典案例

1988年6月21日,狄某收养了未满周岁的小虎,但并未办理任何收养的法律手续,对于收养一事,狄某的丈夫毛某并没有表示异议。三年后,狄某因病逝世,此后,小虎与毛某共同生活,已形成事实上的收养关系。这期间,毛某用心抚养小虎,并让小虎接受了义务教育。小虎24岁时,找到了固定工作,但开始酗酒。毛某与小虎一起居住,但从未收到过小虎的生活费。之后,二人争吵不断,毛某身体越来越虚弱,已经丧失了工作能力,但小虎还是不提供生活费。于是,2013年11月15日,毛某向法院提起诉讼,要求判决解除其与小虎的收养关系,并要求小虎搬出居所。

法院经公开开庭审理后认为:被告小虎已完全具备独立生活的能力。原、被告双方关系恶化,已经无法一起生活。原告要求解除收养关系,理由充分合理,符合法律规定,遂予以支持。被告提出无地方居住,原告愿意为被告另行解决居住问题1年,予以采纳。

法院最终判决如下:准许原告毛某与被告小虎解除收养关系。毛某为小虎另租一间住房居住,期限1年,期满后被告小虎的居住问题自行解决。

本案判决发生法律效力后,小虎不履行关于迁出毛某居所的判决,毛某遂向法院申请执行。随后,小虎被执法人员依法强制带出毛某居所,毛某按照判决为其租赁了房屋。

>>律师在线

我国《收养法》第二十八条规定:“收养关系解除后,养子女与养父母及其他近亲属间的权利义务关系即行消除。”据此,本案原告与被告之间的收养关系被依法解除后,双方之间在生活上相互扶助的权利义务关系也随之消失。除非双方自愿,否则即使被告一方无处居住,其也无继续在居住权完全属于原告的居所居住的权利;原告一方亦无收留其居住,为其提供住房的义务。

本案属于法律关系的变更,法律关系变更的法律效力没有溯及力,只对将来产生影响,这一点与合同的变更是相同的。

第五节 债的移转的概述

>>债的移转的概念

债的移转是指在债的内容和客体保持不变的情形下，债的主体发生变更。也就是由新的债权人、债务人代替原债权人、债务人或者由新债权人、债务人加入到原来的债权债务关系当中，而债的内容却保持不变的一种法律制度。

>>债的移转的分类

（一）根据移转发生的原因所进行的分类

1.法律行为上的移转

是指因法律行为而产生的债的移转，比如双方当事人合同约定将债权或者债务一部分或者全部转让给第三人。

2.法律规定上的移转

是指依据法律规定而产生的债的移转，这种移转也成为法定移转。比如在法定继承中，被继承人的全部债权债务均由法定继承人承受。

3.裁判上的移转

是指依据法院的裁判而发生的债的移转，比如，法院可以责令无能力清偿债务的侵权行为人的近亲属中有经济能力的替其清偿债务。

（二）依据移转的主体及内容所进行的分类

由于债的主体包括债权人与债务人双方，因此不论是债权人变更还是债务人变更都可能产生债的移转。

债权人一方变更，债务人一方不变，且新债权人只继受原债权人债权的，为债权移转，又称为债权让与；债务人一方变更而债权人一方不变，且新债务人只继受原债务人债务的，为债务已转，又称为债务承担；债权人一方或债务人一方完全代替出让人的地位，即新债权人或者新债务人就原债权人或者债务人的债权债务一并继受的，则为债的概括移转。

第六节 债权让与

>>债权让与的内涵、实质及生效要件

按照《合同法》第七十九条，债权让与是债权人将合同的权利全部或者部分转让给第三人的情形，其中让与债权的人称为“让与人”，受让债权的第三人称为“受让人”。债权让与的实质与合同变更类似，都属于以新债取代旧债，只是此时新债的内容是转让债权。因此，债权让与的成立和生效一样要遵循《合同法》的一般规定，前要批准或登记生效的仍然需要履行相应手续（《合同法》第八十七条）。除了要遵守合同成立、合同生效的相关规定，债权让与独有的生效要件体现在《合同法》第七十九条对不得转让债权的规定上。该条款规定，三种不得转让的合同，总的来说，该条款是债之当事人之间的信赖关系和债之相对性的要求，充分体现了尊重债务人与债权人之间“法锁”的精神。

>>债权让与的效力

债权让与的生效时间从《合同法》的规定。除按《合同法》第八十七条规定需要办理相关手续的以外，债权让与自让与合同成立之日起生效。但因为债权让与的目的是让债务人向受让人履行债务，所以应当通知债务人（《合同法》第八十条）。此处的“应当通知”跟债权让与的生效没关系，不通知仅产生对债务人不生效力的问题。这与《民法

通则》第九十一条的规定不同,根据《民法通则》第九十一条,合同当事人转让自己合同上的权利和义务应当征得对方的同意。《合同法》之所以没有将债务人的同意作为债权让与合同生效的条件,是基于如下判断:①债权让与原则上不会损害债务人的利益。一般来说,债权的让与不会导致债务人遭受损害,但在特殊的情况下,可能增加债务人的履行费用。例如,债务人原来是在当地同一个城市履行,债权让与后需要债务人到另外一个城市履行。这可能增加履行费用,但此时按照民法理论,增加的履行费用应由让与人承担,因此即使债务履行费用增加,也不会导致债务人的利益受到损害。②考虑到债权的转让是权利人的权利,不宜增加限制。

债权人让与债权不需要征得债务人同意,但法律要求"应当通知债务人"。如果负有通知义务的人未通知债务人债权让与的事实,则"该转让对债务人不发生效力",即债务人仍得按照双方对原债务的约定履行债务。该通知应当由让与人发出还是由受让人发出法律没有规定,实践中无论是让与人还是受让人发出的通知都可以发生效力。该通知一旦发出,债务人即负有按照通知向受让人履行债务的义务,因此,让与人不得单方面撤销该通知,当然如果受让人同意撤销的除外(《合同法》第八十条第二款)。

债权让与对让与人的效力是让与人的地位由受让人取代,受让人不仅取得主债权而且自然取得与主债权相关的从权利(《合同法》第八十一条),但该从权利专属于债权人自身的除外。债权让与对债务人的效力主要是债务人对让与人的抗辩可以向受让人主张(《合同法》第八十二条)、债务人对让与人享有的抵销权也可以向受让人主张(《合同法》第八十三条)。如果债权人变更导致债务人履行费用增加的,增加部分应由受让人承担。

>>经典案例

2008 年 5 月 14 日,冯某向柳某借款 2 万元,约定一年后还款,但到期后冯某却找各种理由拖延偿还。2009 年 9 月 15 日,柳某再次找到冯某家索要欠款,但冯某以无款为由未归还欠款。之后,柳某遇到冯某的好友赵某,赵某称,他还欠着冯某2万元借款未还。柳某觉得对冯某追款无望,遂让赵某将欠冯某的2万元债权转还给自己。之后,赵某找到冯某说明了情况,要求与冯某进行抵销。但冯某认为,柳某与赵某之间的债权转让没有征得其同意,而且二者之间并不存在法律上的债权关系。因此,赵某将债权转让给柳某是无效的,应当再向冯某归还2万元欠款,但赵某表示拒绝。冯某遂将赵某告到法院,请求法院判决赵某与柳某之间的债权转让无效,要求赵某归还欠款2万元。

本案审理中有两种意见。

第一种意见:原告冯某与债权人柳某之间订立的借款合同合法有效,双方应严格遵守合同约定。冯某没有按期归还柳某欠款,已经构成违约。柳某随后将此债权转让给赵某,属于合同发生重大变更,在未得到合同另一方当事人的同意的情况下,对保障另一方当事人的合法权益是不利的。根据《民法通则》第九十一条规定:"合同一方将合同的权利、义务全部或部分转让给第三人,应当取得合同另一方的同意,并不得牟利。依照法律规定应当由国家批准的合同,需经原批准机关批准。但是,法律另有规定或者合同另有约定的除外。"后颁布实施的《合同法》第七十七条也规定:"当事人协商一致,可以变更合同。"据此,案例中的柳某在没有经过冯某同意的情况下,将债权转让给赵某的行为不合法,转让可以认定为无效。

第二种意见:除法律另有规定和双方另有约定外,债权人转让债权不必取得债务人的同意,只要债权的转让方与受让方达成转让债权协议,且通知了债务人,即对债务人发生效力。《合同法》第八十条规定:"债权人转让权利的,应当通知债务人。未经通知该转让对债务人不发生效力。"根据这条规定,在没有经过债务人同意的情况下,债权人也可以转让债权,而且具有法律效力。据此,本案中的柳某将债权转让给赵某,具有法律效力。

最终,法院采取了第二种意见,判决柳某与赵某之间的债权转让对债务人冯某有效,赵某可以凭此债权对冯某行使抵销权,遂驳回原告的诉讼请求。

>>律师在线

债权转让,是指合同一方将合同的权利全部或部分地转让给合同以外的第三人。其性质上仍然是一种合同。合同权利转让的效果是原合同主体的变更:一是转让方退出原合同关系,由受让人代替其债权人地位;二是转让方不退出原合同关系,与受让方共同成为原合同的债权人。

从债权转让与债务人同意的关系上来看,债权人有权利自由自主地处置自己所有的债权,债权的转让是债权人和受让人之间发生的合同关系,债务人并不是转让合同一方的当事人,所以债权转让的成立并不需要征得债务人的同意。但是这里需要注意一个问题,即债权的转让涉及债务人向谁履行债务有效的问题,所以债权人转让权利,应当通知债务人,债务人知晓后,才认定转让的债权对债务人发生效力。

债权转让合同有以下特点:

(1)原合同的成立、有效是债权转让合同成立、有效的前提条件,如果原合同不成立或无效,那么也不能认定债权转让合同为有效。例如,原合同所签订的合约条款是违法的,那么,债权人就此债权的转让也无效;原合同部分无效,债权转让合同亦部分无效。

(2)债权转让合同不能添加新的内容,合同内容应当和原合同内容保持一致。债权转让合同的标的、金额、数量以及合同的履行、违约责任等均与原合同保持一致。否则,不属于债权的转让,而属于合同的变更,二者性质显然不同。

(3)债权转让的条件限制。《合同法》第七十九条规定了债权转让除外的三种情形:"(一)根据合同性质不得转让;(二)按照当事人约定不得转让;(三)依照法律规定不得转让。"所谓"合同性质"主要指具有人身性质的,诸如继承、身份权、人格权、肖像权及人身损害赔偿等;"当事人约定"指当事人就债权转让特别约定不得转让或债务人如果知道债权人转让给第三人就不订立合同。"依照法律规定"指法律明文规定了不得转让债权的情形或受让主体的限制。如某些行业规定了特定的企业才可经营，或企业章程规定了经营范围，则相关的债权转让的受让主体也须具备相关的经营资格与经营能力。

《民法通则》是在计划经济体制下制定的，该法第九十一条对债权债务的转让的规定是笼统的，无论是债权转让还是债务转让，都以合同对方当事人同意为生效要件。但是，法律另有规定或原合同另有约定的除外。而后出台的《合同法》是在市场经济体制下制定的法律，它更强调了订立合同的自我意志，对债权的转让与债务的转让作了不同的规定：债权的转让只须通知债务人即可发生法律效力；而债务的转让则须以债权人同意为有效要件。《民法通则》的规定，目的在于维护合同的稳定性，而《合同法》的规定，则重在提高合同行为的效益与效率。

旧法与新法规定不同，根据“新法优于旧法”的原则，本案应适用《合同法》的规定。转让方赵某与受让方柳某之间的债权转让合同系双方真实意思表示，且通知了债务人冯某，也不存在着债权转让的除外情形，所以法院依法判决赵某、柳某之间的债权转让有效。赵某凭此债权可以对冯某行使抵销权。

第七节 债务承担

>>债务承担的概述

按照《合同法》第八十四条，债务承担是指将债务全部或部分转移给第三人承担。(《合同法草案中》称其为债务承担，而《合同法》则改称债务转移)与债权让与的法律政策判断不同，债务承担一般来说被认为是有害于债权人的。因此，债务承担合同有效要件也不同于债权让与合同。

（一）债务承担的有效要件

1.承担人与债务人签订债务承担合同的

根据《合同法》第八十四条的规定："债务承担合同有效除要遵守合同成立生效的一般要件外，还有一个特殊要件就是须经债权人同意。"这是因为债务承担在法律政策判断上一般认为是有害于债权人的，为保护债权人的利益，法律作了特殊的规定。如果一个由承担人与债务人签订的债务承担协议没有债权人同意，那么该承担协议成立，但是效力未定，只有得到债权人同意后才生效。

既然债权人的同意是追认合同效力的方式，那么债权人同意的方式也应当准用关于效力待定合同中的规定，参照《合同法》第四十七、四十八条可知，同意可以以明示或默示的方式作出，但是单纯的沉默不能视为同意而应视为拒绝，债务人和承担人则可以对债权人进行催告。

2.债权人与承担人签订债务承担合同的

《合同法》第八十四条规定，债务承担应当经债权人同意，没有经债务人同意的问题。有效的债务承担大体有三种情形：①债务人（第三人）发出要约，承担人（债务人）承诺，然后债权人追认的；②债务人和承担人（债权人）发出要约，债权人（债务人和承担人）承诺；③债权人（承担人）发出要约承担人（债权人）承诺。我们已经讨论了第一种情况下债务承担有效的要件，第一种情况下由于债权人作为承诺人，因此适用合同法关于普通合同的成立和生效要件即可，没有债权人同意的问题，当然债权人单纯的沉默，根据《合同法》第二十二条也不能作为承诺。

较为复杂的是债务承担的第三种情形。一般来说，有人替自己承担债务，对债务人是不会有什么损害的，因此《合同法》立法时，没有考虑债务承担是否要经债务人同意的问题，但实践中确实出现了违反债务人的意思承担债务的案例。对于这一问题，传统民法一般认为，如果此时原债务人的拒绝能够否认合同效力的话，会让债权人丧失已经取得的对债务承担人的请求权，这并不合理，所以此时应当承认债务承担合同有效。当然，如果债权人与承担人签订债务承担协议给原债务人带来额外负担的话,则应当经过原债务人同意。总的说来,要区分该债务承担协议是否损害债务人的利益来判断债务承担协议生效是否需要经过债务人的同意。

(二)债务承担的效力

债务承担对承担人来说,第一,其取得了全部或部分原债务人的地位(《合同法》第八十六条);第二,不仅要承担主债务而且要承担从债务,但专属于原债务人的除外;第三,同时取得了原债务人的抗辩权(《合同法》第八十五条);第四,根据《担保法》第二十三条的规定,债权人许可债务人转让债务的,未取得保证人书面同意的,保证人不再承担保证责任;债务承担对原债务人来说,使他全部或部分脱离了原债务。

(三)并存的债务承担问题

并存的债务承担是指原债务人与承担人一起对债权人清偿责任的债务承担形式。这在我国法律上并没有规定,学说却多有肯定,并存的债务承担与免责的债务承担相比较最大的区别是债务人是否明确表示仍留在债务之中,如果有表示的则为并存的债务承担,如果没有表示的则为免责的债务承担。

并存的债务承担也不同于免责的部分债务承担。后者是在承担人承担的部分内免除原债务人的责任。至于并存的债务承担的责任,承担人和原债务人应当负担连带责任。

>>经典案例

2010 年 5 月 7 日,A 公司与 B 公司签订买卖合同一份,合同约定:A 公司向 B 公司提供 1000 台洗衣机,每台 3000 元。在交货后,B 公司向 A 公司支付共计 300 万元的价款。同年 12 月,A 公司如期向 B 公司交付了洗衣机,但 B 公司并未支付货款。后 C 公司与 A 公司签订了一份还款协议书,其中约定:本公司于 2010 年 5 月 7 日向 B 公司购进 1000 台洗衣机,欠款 300 万元,分 10 个月还清,每月还款 30 万元。C 公司在协议上加盖了公章。随后,C 公司与 A 公司协商签订了第二份还款协议,内容为:将剩余未销售的 400 台洗衣机退还给 A 公司,抵消

100 万元的债务。但之后,A 公司经过调查发现,B 公司与 C 公司虽然是两个法人,但在同一场所办公,且为同一个法定代表人。针对清偿 A 公司货款一事,双方发生争议,C 公司辩称自己并非 A 公司与 B 公司债务的当事人,不承担还款义务,AC 之间的还款协议无效。

法院经过审理,最终判决 AC 之间的还款协议有效,C 公司应当承担还款义务。

>>律师在线

此案中主要讨论的问题在于 C 与 B 之间是否发生了债务转移。

《中华人民共和国民法通则》第九十一条:合同一方将合同的权利、义务全部或者部分转让给出第三人的,应当取得合同另一方的同意,并不得牟利。依照法律规定应当由国家批准的合同,需经原批准机关批准。但是法律另有规定或者原合同另有约定的除外。

《合同法》第八十四条规定:债务人将合同的义务全部或者部分转移给出第三人的,应当经债权人同意。

第八十五条:债务人转移义务的,新债务人可以主张原债务人对债权人的抗辩。

第八十六条:债务人转移义务的,新债务人应当承担与主债务有关的从债务,但该从债务专属于债务人自身的除外。

第八十七条:法律、行政法规规定转让权利或者转移义务应当办理批准、登记等手续的,依照其规定。

根据以上规定,债权人在债务转移中明显有权处分自己的债权,因为债务的实现与否直接影响债权人债权的实现,因此,债务转移只要得到债权人的同意,那么即使第三人是未与债务人达成一致而为的自愿清偿,债务转移也发生效力,第三人具有承担债务的责任。

在本案中,B 公司与 C 公司是同一经营场所、同一法定代表人的关系,那么 C 公司与 A 公司签订的还款协议,B 公司应当是知晓的,既然其并未提出异议,那么,可以认定 ABC 已经就债务转移达成意见一致。据此,C 应该按照其协议完成还款内容。且本案中 C 以自身未参加双方交易为抗辩,是无根据的。因为在债务承担中,不需要接受债务的第三人是债务发生的当事人,因而抗辩是无效的。

第八节 债的概括承受

>>债的概括承受的概述

债权债务一并移转,又称债的概括承受,是指债的一方主体将其债权债务一并移转于第三人,由第三人概括地继受这些债权债务。债的概括承受,可以是基于当事人之间的合同而产生的,称为意定概括承受;也可以是基于法律的直接规定而产生的,称为法定概括承受。《合同法》第八十八、九十条对上述两种情形分别作了规定,即合同承受和企业合并。

(1)合同承受,是指合同当事人一方与第三人订立合同,将其合同权利义务全部或者部分地移转给该第三人,经对方当事人同意后,由该第三人承受合同地位,全部或部分地享受合同权利,承担合同义务。合同承受既转让合同权利,又转让合同义务,因而被移转的合同只能是双务合同。

(2)企业合并,是指两个以上的企业合并为一个企业,合并之前的债权和债务应由合并后的企业承担。《民法通则》第四十四条第二款规定:"企业法人分立、合并,它的权利和义务由变更后的法人享有和承担。属于法定移转,因而无须征得相对人的同意,依通知或公告而发生效力。"

>>经典案例

2012 年 5 月 14 日,甲公司与乙公司签订一项购销合同,合同约定:甲公司向乙公司提供大豆500吨,每吨3800元,交货日期为一年。在交货后,乙公司向甲公司支付货款共计190万元。但甲公司在按规定日期交货后,乙公司却迟迟未付190万元的货款。2013年9月,乙公司与丙公司合并成丁公司,随后,甲公司找到乙公司,要求清偿货款,但乙公司负责人以乙公司已注销为由拒绝给付。甲公司又找到丁公司主张债权,丁公司主张其不负责乙公司被合并前的债务。于是,甲公司将丁公司告上了法庭,要求清偿货款。

>>律师在线

《中华人民共和国合同法》第八十八条:当事人一方经过同意,可以将自己在合同中的权利和义务一并转让给第三人。

第八十九条:权利和义务一并转让的,适用本法第七十九条、第八十一条至第八十三条、第八十五条至第八十七条的规定。

第九十条:当事人订立合同后合并的,由合并后的法人或者其他组织行使合同权利,履行合同义务。当事人订立合同后分立的,除债权人和债务人另有约定的以外,由分立的法人或者其他组织对合同的权利和义务享有连带债权,承担连带义务。

本案是典型的因企业的合并而造成的债的概括承受的案例。债务关系原本存在于甲乙之间,但因为乙公司没有在交货后支付货款,而之后又与丙公司合并成丁公司。此时,乙公司的所有债权债务即一并归于丁公司。因此,甲公司向乙公司的负责人要求清偿债务是没有法律依据的。因为乙公司不再具有独立法人的资格,所以也就没有对外存债权债务关系,这些债权债务关系已经被丁公司一并接受。故丁公司以其不承担乙公司被合并前的债权债务是不合法的。根据相关法律的规定,丁公司必须清偿甲公司的货款,而且丁公司不得以任何理由加以拒绝,即使其与丁公司在合并前存在着内部关于债权债务关系分担的任何协议,但这种协议并不能用来对抗甲公司。

第九节 你问我答

问:当事人可以协议变更原合同的内容吗?

答:合同生效后,当事人就应当履行合同约定的义务和各种法定的义务,但是,在合同的履行过程中,总有一些事情难以避免,包括合同双方发生当事人意愿发生改变、出现了法律的特殊规定等情况,此时,合同的内容就避免不了要发生变化,这就产生了合同的变更等问题。

合同的变更需要具备一定的条件,根据《合同法》第七十七条的规定:"当事人协商一致,可以变更合同。法律、行政法规规定变更合同应当办理批准、登记等手续的,依照其规定。"

需要注意的是,根据《合同法》第七十八条的规定:"当事人对合同变更的内容约定不明确的,推定为未变更。"

问:当事人是否可以把债权、债务转让给他人?

答:可以。当合同主体发生变化时,合同即发生转让,但是,债权、债务的转让须符合一定的条件。根据《合同法》第八十条的规定:"债权人转让权利的,应当通知债务人。未经通知,该转让对债务人不发生效力。债权人转让权利的通知不得撤销,但经受让人同意的除外。"《合同法》第八十四条规定:"债务人将合同的义务全部或者部分转移给第三人的,应当经债权人同意。"

问:合同的权利在什么情况下不能转让?

答:根据《合同法》第七十九条的规定:"债权人可以将合同的权利全部或者部分转让给第三人,但是下列情形之一的除外:①根据合同性质不得转让;②按照当事人约定不得转让;③依照法律规定不得转让。"

问:债权人转让权利的,从权利转移吗?

答:根据《合同法》第八十一条的规定:"债权人转让权利的,受让人取得与债权有关的从权利,但该从权利专属于债权人自身的除外。"这里所说的专属于债权人自身的权利一般指基于身份而产生的权利。

问:债务怎样转移给第三人?

答:根据《合同法》第八十四条的规定:"债务人将合同的义务全部或者部分转移给第三人的,应当经债权人同意。"这说明,未经债权人同意的债务转让是无效的。举个例子,张三借钱给李四,因刘五欠李四钱,故李四跟刘五私下商量将该笔债务转给刘五,由刘五替李四还钱给张三,但张三并不知情。这种情况下,李四与刘五的关于转移债务的协议就是无效的。

第六章 债的消灭

第一节 债的消灭的概述

>>债的消灭的概念

债的消灭，又称为债的终止，是指基于一定的法律事实使债的当事人双方间的权利义务关系在客观上不复存在。债的消灭，使债权债务不复存在，同时使债的担保其他权利义务也归于消灭。

>>债的消灭的效力

(1)从权利和义务一并消灭。

(2)负债字据的返还，若债权人因字据灭失，不能返还，应向债务人出具债务消灭字据。

第二节 债的抵销

>>债的抵销的概述

1.债的抵销的概念

抵销,是指当事人互负有债务时,各以其债权充当债务之清偿,而使其债务与对方的债务在对等额内互相抵消。

2.债的抵销的种类

抵销依其产生的根据不同,可分为法定抵销与合意抵销两种。

(1)法定抵销,由法律规定其构成要件,当要件具备时,依当事人一方的意思表示即可发生抵销的效力。依当事人一方的意思表示即可发生抵销效力的权利,称为抵销权,属于形成权。法定抵销的要件:

①双方当事人互负有债务,互享有债权;

②互负有债务标的物的种类、品质相同;

③债权已届清偿期;

④依法可抵销的债。法律规定不得抵销的债务不得抵销。如法院决定扣留、提取劳动收入时,应保留被执行人及其所供养家属的生活必需品。查封、扣押、拍卖、变卖被执行人的财产,应当保留被执行人本人及其所供养家属的生活必需品。再如,故意实施侵权行为的债务人,不得主张抵销侵权损害赔偿之债。违约金债务不得自行以扣款等方式作为冲抵。

抵销的方法:抵销为处分债权的行为,故抵销人应有行为能力,并需要对债权有处分权。抵销应由抵销权人以意思表示向受动债权人为之,通知到达受动债权人时发生效力。受动债权人为无行为能力人或限制行为能力人时,自通知到达其法定代理人时发生效力。

注意:抵销的意思表示,不得附有条件或期限,因为附有条件或期限,使其效力不确定,与抵销的宗旨相悖,并且有害于他人的利益。

(2)合意抵销,是指按照当事人双方的合意所为的抵销。它重视当事人的意思自由,可不受法律规定的构成要件的限制。

3.效力

抵销使双方债权、债务在抵销数额消灭。

>>经典案例

2011年秋,农民李某因收割的需要,向崔某租用收割机,双方约定使用时间为10天,租金共计2000元。但收割结束后,李某始终没有支付该笔租金。2012年11月,崔某找到李某家,用车运走了价值5000元的小麦,并写了一张欠款条,表示一年后将归还粮款。一年后,崔某向李某支付了3000元的粮款,但对剩余的2000元迟迟不支付。为此,李某打电话催要,崔某表示,这笔2000元粮款正好抵销李某所欠的租金。但李某对此表示不同意,他认为崔某所享有的2000元租金债权已经超过两年的诉讼时效,不能适用法定抵销。于是,李某将崔某作为被告诉至法院,要求崔某清偿剩余粮款2000元。

法院经审理认定,被告提出的债权抵销无效,判决被告偿还原告粮款2000元。

>>律师在线

本案涉及债权行使法定抵销权的案件,但本案需要注意这样一个问题,即在超过了两年的诉讼时效情况下,债权能否行使法定抵销权。

一种观点认为,对超过诉讼时效的债权不能行使法定抵销权,理由是:超过诉讼时效的债权法律不予以保护,因为如果已经超过了诉讼时效,债权人还能够行使法定抵销权,那么,对另一方则有失公平,将使其时效利益遭受侵犯。

第二种观点认为,对超过诉讼时效的债权可以行使法定抵销权。其理由是:根据民法理论,债权在超过诉讼时效后,已经归属为自然债权,虽然自然债权“不能通过诉讼程序强制债务履行”,但可以通过其他方式实现。而且即使转变为自然债权,双方当事人的债权债务关系也依然没有消除。也就是说,超过诉讼时效后,债权人的债权依然存在,只要双方互享到期债权,且种类、品质相同的,超过诉讼时效的债权人就可以行使法定抵销权,只需通知对方即可。

那么,本案中,法院为什么认定债权抵销无效呢?

《合同法》第九十九条第一款规定:“当事人互负到期债务,该债务的标的物种类、品质相同的,任何一方可以将自己的债务与对方的债务抵销,但依照法律规定或者按照合同性质不得抵销的除外。”这是一种法定抵销的规定,即当事人之间符合前述规定的条件时,任何一方可以行使相互间相当数额的债务同归消灭的权利。

行使法定抵销权要符合下列条件:

1.抵销人与被抵销人之间互享债权、互负债务

双方互享债权、互负债务为双方行使抵销的前提条件。另外,当事人双方存在的两个债权债务关系,须均为合法存在。其中任何一个债为非法,均不得主张抵销。

2.用于抵销的债务的标的物必须种类、品质相同

抵销的实质是双方给付的交换,如果用作抵销的债务的标的物的种类不同,交换价格难以计算,不便双方交换。如果用品质不同标的物作抵销,会出现不公平,所以原则上不允许;但用品质较高者与品质较差者抵销时,对于被抵销人并无不利,应当允许。如果一方或者双方的债权标的物为特定物,原则上不允许抵销,尤其是以种类物债权抵销特定物债权时,更不应允许。因为以特定物为债的标的物的合同目的与以种类物为债的标的物的合同目的有很大的差异,如果允许抵销,可能会使一方或双方当事人的合同目的无法实现。

3.必须双方债权均已到清偿期

抵销具有相互清偿的作用,双方债权均已届清偿期,始得为抵销。债权未到清偿期,债权人尚不能请求债务人清偿。因此不能以对方债务未届清偿期的主动债权与己方债务已届清偿期的受动债权相抵销,

否则等于强令债务人提前清偿,这必然有损于债务人的期限利益。但因债务人有权抛弃期限利益,提前清偿债务,所以如果己方愿意放弃期限利益,以对方债务已届清偿期的主动债权与己方债务未届清偿期的受动债权相抵销(亦即以自己的未届清偿期的债务与对方已届清偿期的债务抵销),应予允许。

4.双方适用抵销的债务是能抵销的债务

不得用于抵销的债务,大致有如下几种:

(1)性质上不得抵销。例如,不作为债务、提供劳务的债务。

(2)法律规定不得抵销。如抚恤金、退休金、抚养费等与人身不可分离的债务;禁止强制执行的债务(保留被执行人的生活必需品);因故意侵权行为所发生的债务;约定应向第三人为给付的债务。

(3)当事人特别约定不得抵销的。

本案中,原告以被告主张债权的诉讼时效已经完成,不受法律所保护为由拒绝抵销。按照相关法律的规定,在诉讼期间内,权利人可以依照诉讼程序请求法院强制义务人履行义务。超过诉讼时效期间,权利人便丧失了胜诉权。债权虽然存在,但其效力需要得到债务人的追认,即只有债务人表示愿意履行债权,权利人才能得到债权,这里法律没有权利进行强制干涉。因此超过诉讼时效的债权不属于可以抵销的"合法债权"。《合同法》第九十九条第二款规定:"当事人主张抵销的,应当通知对方。通知自到达对方时生效。抵销不得附条件或者附期限。"综上,本案中,被告提出抵消主张其实并不符合法律规定的抵消条件,除非原告表示同意抵消,那么可以按合意抵销处理。所谓合意抵销是指双方在互负债务、互享债权的情况下,可依双方订立的抵销协议而消灭债权债务关系,其条件没有法定抵销那么严格,关键必须经当事人双方合意。本案中,对于被告的抵消意见,原告表示不同意,因此,不能够按合意抵消处理。

第三节 债的提存

>>债的提存的概述

1.概念

提存,是指由于债权人的原因而无法向其交付合同标的物时,债务人将该标的物交给提存部门而消灭债权债务关系的制度。

2.提存的事由

(1)债权人拒绝受领或迟延受领。《合同法》第一百零一条第一款第(一)项规定:"债权人无正当理由拒绝受领的,债务人可以提存。构成该提存原因,必须是债务人现实地提出了给付。"

(2)债权人下落不明。包括债权人不清、地址不详、债权人失踪又无代管人等情况。

(3)债权人死亡或者丧失行为能力,又未确定继承人或者监护人。

(4)法律规定的其他情形。《担保法》第四十九条第三款规定:"抵押人转让抵押物所得的价款,应当向抵押权人提前清偿所担保的债权或者向与抵押权人约定的第三人提存。"

3.提存的标的

为债务人依约定应当交付的标的物。

4.提存的方法

提存人应在交付提存标的物的同时,提交提存书。提存书上应载明提存人姓名(名称)、提存物的名称、种类、数量以及债权人的姓名、住址等基本内容。此外,提存人应提交债务证据,以证明其所提存之物确系所负债务的标的物;提存人还应提交债权人受领延迟或不能确定以致自己无法向债权人清偿的证据。如有法院或仲裁机关的裁决书,也应一并提交。

5.提存的效力

(1)债权人和债务人之间的效力。自提存之日起,债务人的债务归于消灭。提存物在提存期间所产生的孳息归提存受领人所有。标的物毁损灭失的风险也转移归于债权人负担。但因提存部门过错造成毁损、灭失的,提存部门负有赔偿责任。

(2)提存人与提存部门之间的效力。提存部门有保管提存标的物的权利和义务。提存部门应当采取适当的方法妥善保管提存标的物,以防毁损、变质或灭失。对不宜保存的,提存受领人到期不领取或超过保管期限的提存物品,提存部门可以拍卖,保存其价款。

(3)债权人与提存部门之间的效力。债权人可以随时领取提存物,但债权人对债务人负有到期债务的,在债权人未履行债务或者提供担保之前,提存部门根据债务人的要求应当拒绝其领取提存物。债权人领取提存物的权利,自提存之日起5年内不行使而消灭,提存物扣除提存费用后归国家所有。除当事人另有约定外,提存费用由提存受领人承担。提存费用包括:提存公证费、公告费、邮电费、保管费、评估鉴定费、代管费、拍卖变卖费、保险费以及为保管、处理、运输提存标的物所支出的其他费用。

>>经典案例

申请人方某向被申请人顾某履行债务,被顾某拒绝,于2006年5月12日向当地县人民法院提出债务提存申请,方某诉称:2005年3月16日,我校决定集资建造教职员工宿舍,之后,此事被非教职人员的顾某得知,他找到我,请我替他申请一套住房,并向我提供建房集资款5万元。3月20日,我正式向学校提交了住房申请,并上交了集资款。但后来得知,学校集资建造的楼房只限于本校现有职工自己居住,而不能给他人以各种借口集资住房。随后,我找到顾某,说明了缘由,并表示归还顾某提供的集资款,但顾某不同意。之后,我又多次找到顾某,表示无法为其申请住房,并返还给顾某1万元集资款,顾某当时也接受了。次年 3 月,我领了所申请的住房钥匙并搬进居住,然后再次向顾某要求向其返还余款 4 万元,并愿承担其利息损失。但顾某没有答应,而且还提出了不正当的要求。

顾某辩称:我给方某 5 万元集资款,要求他为我申请一套住房,结果未办成。而且方某还利用我提供的集资款住进了房子,之后我并没有完全拒绝接受方某归还的集资款,只是要求方某需借给我现金 2 万元使用一年,如果方某不接受,我也就拒绝接受其债务履行。

>>律师在线

本案涉及债务履行被拒绝,而申请人提出债务提存申请的法律问题。

《中华人民共和国合同法》第九十一条,有下列情形之一的,合同的权利义务终止:……债务人依法将标的物提存。

第一百零一条,有下列情形之一,难以履行债务的,债务人可以将标的物提存:(一)债权人无正当理由拒绝受领;(二)债权人下落不明;(三)债权人死亡未确定继承人或者丧失民事行为能力未确定监护人;(四)法律规定的其他情形。

标的物不适于提存或者提存费用过高的,债务人依法可以拍卖或者变卖标的物,提存所得的价款。

第一百零二条:标的物提存后,除债权人下落不明的以外,债务人应当通知债权人或者债权人的继承人、监护人。

第一百零三条:标的物提存后,毁损、灭失的风险由债权人承担。提存期间,标的物的孳息归债权人所有。提存费用由债权人负担。

第一百零四条:债权人可以随时领取提存物,但债权人对债务人负有到期债务的,在债权人未履行债务或者提供担保之前,提存部门根据债务人的要求应当拒绝其领取提存物。

债权人领取提存物的权利,自提存之日起五年内不行使而消灭,提存物扣除提存费用后归国家所有。

《关于贯彻执行<民法通则>若干问题的意见(试行)》第一百零四

条:债权人无正当理由拒绝债务人履行义务,债务人将履行的标的物向有关部门提存的,应当认定债务已经履行。因提存所支出的费用,应当由债权人承担。提存期间,财产收益归债权人所有,风险责任由债权人承担。

在本案中,顾某拒绝接受方某履行债务,其理由显然属于不正当的。根据相关法律的规定,申请人(债权人)无正当理由拒绝接受债务履行,以此为理由,确认申请人的提存申请有效成立。据此,本案中的方某的债务提存申请可认定为有效,顾某必须接受。这是符合前引最高人民法院的司法解释所指出的理由的,也是符合法理上关于提存的合法理由的阐述的。根据我国有关提存的法律法规,可以构成提存申请有效成立的合法理由包括两,一种即是本案中的债权人无正当理由拒绝接受债务履行(或称无正当理由受领迟延),另一种是在债务人不能确知谁是债权人或者债权人下落不明而难为给付。

第四节 债的混同

>>债的混同的概述

混同,是指债权与债务同归于一人,而使债的关系消灭的法律事实。债的混同的原因,大致有以下两类。

1.概括承受

即债权债务概括转移于债权人或者债务人。债权债务的概括承受为混同的主要原因,主要有:企业合并,合并前的两个企业之间的债权债务因同归于合并后的企业而消灭债;债权人继承债务人遗产,如父亲向儿子借钱后死亡,儿子继承父亲的债权和债务;债务人继承债权人遗产,如儿子向父亲借钱后,父亲死亡,儿子继承了父亲的财产;第三人继承债权人和债务人，如儿子甲向父亲乙借钱后，因意外事件二人同时死亡，由甲的儿子丙继承他们二人的财产。

2.特定承受

即债权人承受债务人对自己的债务，或者债务人受让债权人对自己的债权，这时债权债务消灭。特定承受主要包括：债务人受让债权人的债权，如债权人甲与债务人乙签订合同后，甲将合同权利转让给乙。债权人承受债务人的债务，如甲乙二人签订合同后，债务人乙的债务转移给债权人甲。

合同关系的存在，必须有债权人和债务人，当事人双方混同，合同失去存在基础，自然应当终止。合同终止债权消灭，债权的从权利，如利息债权、违约金债权、担保债权同时消灭。

>>经典案例

萧某育有一儿一女，儿子小易于2005年向父亲萧某借款20万元，双方签订了借据，约定还款期限为五年。五年后，小易并未偿还欠款，而萧某也并没有索要。2011年5月16日，萧某因病去世，并在去世前，交代将其现有的财产由女儿小丽继承。萧某死亡后，儿子小易认为，父亲的遗嘱中并没有提及自己欠父亲的20万元借款，因此，这笔债权应该由兄妹二人共同继承。但女儿小丽提出了不同的意见，她认为：这笔债权自己应一并继承。据此，小丽诉至法院，要求一并继承20万元的债权。

>>律师在线

本案涉及债因混同而消灭的问题。继承是债的混同中最为经常发生的状况，当债权人死亡，而债务人为债权人的继承人或者债务人死亡，且债权人为债务人的继承人时，这时债权债务实际上归于债权人或债务人一人而发生了混同，从而债权债务关系消灭。

《中华人民共和国合同法》第九十一条规定，有下列情形之一的，合同的权利义务终止：……债权债务同归于一人。

第一百零六条：债权和债务同归于一人的，合同的权利义务终止，但涉及第三人利益的除外。

本案中，萧某死亡后，将其遗产交由女儿小丽继承，其实，在其遗产中，已经包括了儿子小易所欠的 20 万元债权。根据相关法律规定，这笔债权也应由小丽一并继承。小易想要共同继承这笔债权，实际上是把这笔债权当作一部分应继承的财产，其观点是错误的。据此，法院支持小丽的诉求，判决小丽一并继承 20 万元的债权。

第五节　债的免除

>>债的免除的概述

1.概念

免除，是指债权人抛弃债权，从而全部或部分终止债权关系的单方行为。免除仅依债权人表示免除债务的意思而发生效力，其原因如何，在所不问。因此，免除为无因行为。免除为债权人处分债权的行为，因而需要债权人具有处分该债权的能力，无行为能力人或限制行为能力人不得为免除行为。

2.方法

免除应由债权人向债务人或其代理人以意思表示为之。向第三人为免除的意思表示的，不发生免除的法律效力。一旦债权人作出免除的意思表示，即不得撤回。

3.效力

免除发生债务绝对消灭的效力。因免除使债权消灭，故债权的从权利，如利息债权、担保权等，也同时归于消灭。

>>经典案例

2008年5月16日,原告元某与被告任某相识,二人随即开始了正式交往。交往半年后,二人想要登记结婚,并拜见了双方父母,其中元某的父母表示强烈反对,他们认为任某不学无术,讲究吃穿,好逸恶劳,是一个靠不住的人。但元某不顾父母的反对,坚持和任某交往。之后,任某因打牌欠债1万元,因为没有钱偿还,债主还天天索要,任某决定外出打工,临走时找到原告元某,告知了实情。元某不忍心让任某外出打工,于是,主动提出借给任某1万元还款。任某收下了元某的借款,并写了借据。2009年,任某与另一女孩陆某相识,随后任某向元某提出分手。元某既伤心又气愤,拿出1万元的借据要求任某清偿欠款,但任某根本无力偿还。元某因还对任某存有感情,所以二人复合,元某当面撕毁了1万元的借据。几个月后,元某发现任某还和陆某暧昧不清,于是,又拿出了一份借据,要求任某清偿欠款。但任某拒绝偿还,于是,元某一纸诉状将任某告上法庭,要求任某偿还借款1万元,并向法庭提交了借据。

任某辩称:原告元某之前已经当面撕毁了借据,所以,现在被告怀疑此借据为假,因此,拒绝偿还欠款。

2009年5月16日,此案开庭审理。原告承认她在被告面前撕掉了“借据”,但表示撕毁的借据并不是真的,而向法庭出具的为原借据。之所以以假乱真,目的是为了考验任某是否真心与她复合。被告任某辩称:他是真心与原告复合,二人在交往过程中,一直感情良好、关系融洽。但对继续与陆某关系亲密未作任何解释。对元某提交的借据,承认是自己所写,无异议。

最终,法院依法判决被告任某偿还原告借款1万元。

>>律师在线

本案涉及债权效力的问题。

针对此案中的元某债权是否有效,有以下两种观点。

第一种观点认为:原告元某以被告任某与其复合为条件,放弃该笔债权属于一种附条件的民事行为,附条件的民事行为自所附条件成就时生效。在本案中,原告放弃债权时,因与被告任某存在恋爱关系,所以放弃债权的条件已成就。法律对这笔债权没有保护责任,故元某没有权利再要求任某清偿欠款,法院可以对元某的诉讼不予支持。

第二种观点认为:原告撕掉的是假借据,元某与被告任某之间的债权债务关系仍然存在,所以法律保护这笔债权,元某有权要求任某偿还欠款,法院应对元某的诉讼予以支持。

那么,法院为什么最终采纳第二种观点呢?

《民法通则》第五十五条规定,民事法律行为应当具备下列条件:

(一)行为人具有相应的民事行为能力;

(二)意思表示真实;

(三)不违反法律或者社会公共利益。

原告撕毁借据的真实目的不是放弃债权,而是利用撕毁假借据的行为来考验被告的感情。可见原告说放弃债权并非其真实意思表示,根据上述规定,应属于无效的民事行为。依照《民法通则》第五十八条之规定,无效的民事行为从行为开始起就没有法律效力。借款事实存在,债权人放弃债权行为属于无效,被告任某对原告元某借给他的1万元应该返还,所以法院支持了原告的诉讼请求。

第六节 你问我答

问:在债权让与中,债务人在什么情况下可以向受让人主张抵销?

答:根据《合同法》第八十三条的规定:"债务人接到债权转让通知时,债务人对让与人享有债权,并且债务人的债权先于转让的债权到期或者同时到期的,债务人可以向受让人主张抵销。"

问:如果个体工商户欠钱,该怎样还?

答:个体工商户借钱经营,是常有的事儿,特别是许多夫妻共同经营,因此,确定谁是还债人是一个较为复杂的问题。

首先,要判断是否是夫妻债务,根据《民法通则》第四十三条的规定,在夫妻关系存续期间,一方从事个体经营的,其收入为夫妻共有财产,债务亦应以夫妻共有财产清偿。另外,还要判断是否为家庭债务,根据法律规定,个体工商户,可以个人经营,也可以家庭经营。个体经营的,以个人财产承担民事责任;家庭经营的,以家庭财产承担民事责任。以公民个人名义申请登记的个体工商户,用家庭共有财产投资,或者收益的主要部分供家庭成员享用的,其债务应以家庭共有财产清偿。当然,以其家庭共有财产承担责任时,应当保留其家庭成员的生活必需品和必要的生产工具。

举个例子,某甲自己开一家店铺,欠的钱就自己还,如果是和父母一起开的,那么就要以家庭全部财产来还钱了。不过,如果只是借父母的钱,并不是家庭共同经营的,那么,还是某甲一人还钱。

问:丈夫欠钱,可以让妻子还吗?

答:实践中经常发生这样的情况,在夫妻关系存续期间丈夫或者妻子以自己或家庭的名义对外借款,但在未还款时,夫妻二人就已经离婚了。债权人无论找到谁,谁都不愿意自己承担原来的债务,那么,到底婚姻关系存续期间所欠下的债务该由谁来偿还呢?对此,婚姻法及司法解释有明确规定。

《婚姻法》第四十一条规定:“离婚时,原为夫妻共同生活所负担的债务,应当共同偿还。共同财产不足清偿的,或者财产归各自所有的,由双方协议清偿,协议不成的,由人民法院判决。”根据该条规定,人民法院在双方离婚时,一般会对夫妻双方的对外债务进行判决,以确定夫妻双方各自承担多少债务。但是,实践中常常遇到这样的情况,夫妻在离婚时债权人并不知晓,而且双方对债务也没有进行处理,法院由于不知情对此也未判决,等到债权人知道离婚的事实时,再找谁要钱也要不回来。或者还会遇到这样的情况:债权人找到妻子,妻子说:“离婚时我们已经协议好了,所有债务都由男方来还,与我无关。”遇到上述情况,债权人同样可以依据《中华人民共和国婚姻法》的有关规定来维护自己的合法权益。如果是夫妻共同生活所负的债务,可以要求夫或妻任何一方来偿还,而且可以要求其偿还全部数额。因为夫妻双方对婚姻关系存续期间的共同债务都负有清偿的义务。

生活中常常还会遇到这样的情况,夫妻双方对外借款,往往是一方出面,借条上签的是夫或妻一方的名字,或者实际上只是夫或妻一方对外借款,但借款人以为是一方代表夫妻双方来借款的,这两种情况下如何处理?对此,《最高人民法院关于适用〈中华人民共和国婚姻法〉若干问题的解释(二)》第二十四条规定:“债权人就婚姻关系存续期间夫妻一方以个人名义所负债务主张权利的,应当按夫妻共同债务处理。但夫妻一方能够证明债权人与债务人明确约定为个人债务,或者能够证明属于婚姻法第十九条第三款规定情形的除外。”《中华人民共和国婚姻法》第十九条第三款的规定为:“夫妻对婚姻关系存续期间所得的财产约定归各自所有的,夫或妻一方对外所负的债务,第三人知道该约定的,以夫或妻一方所有的财产清偿。”通过上述规定我们可以看出,如果第三人不知道夫妻之间曾经约定财产各自所有、债务分别承担,这时即使是夫或妻以个人名义对外借款,那么也要由夫妻共同来偿还。立法这样规定主要是从实际情况出发,因为在生活中夫妻在家事上对外是相互代理的,一方的行为应当视为对另一方行为的代理。当然,法律这样规定也有利于保护债权人的利益。

债权人到法院起诉时可以以夫妻双方为共同被告。

问:对于被继承人的债务,继承人之间该怎样承接?

答:这个问题实际上涉及两个问题:

(1)当有两个或两个以上的继承人同时继承遗产时,对被继承人的债务应如何承担呢?

当有两个或两个以上的继承人同时继承遗产时,从原则上讲,应当按照每个继承人各自所得的遗产份额,按照比例分担清偿被继承人债务的责任。通俗地讲就是继承遗产多的人多分担债务,继承遗产少的人少分担债务，当然这种分担必须以遗产的实际价值为限。这既保护了债权人的利益，也保障了继承人的利益。如果有些经济条件较好，生活负担较轻的继承人愿意照顾条件差、生活困难的继承人，自愿地少继承遗产而多承担债务的，这种互谅互让的精神，促进家庭和睦团结的行为，是应该受到支持和赞扬的。

在具体做法上，通常是继承开始以后，各个继承人在遗产分割之前，应首先用被继承人遗留下来的财产来清偿被继承人遗留的债务，清偿后剩余的财产，才作为实际存在的遗产按照遗嘱或法定继承进行分割。也可以在继承开始后，各个继承人先根据遗嘱或者法律规定对遗产进行分割，然后按照各自所继承到的遗产份额多少，按比例分别承担清偿被继承人债务的责任。有时，被继承人遗留的都是实物或不动产，各继承人要求保留这些实物作为纪念或使用这些不动产的，也可由各人先继承实物或不动产，然后按照实物或不动产价值的比例分别承担清偿被继承人债务的责任。

(2)当几个继承人中既有法定继承人，又有遗嘱继承人和受遗赠人时，对被继承人的债务应当如何承担呢?

如果几个继承人中既有法定继承人，又有遗嘱继承人和受遗赠人时，一般地说，应先用遗产清偿债务，然后按照遗嘱和法律规定对遗产进行分割并执行遗赠，如果遗产已被分割而未清偿债务时，首先由法定继承人用继承到的遗产清偿债务，如其所得遗产不足清偿时，剩余的债务由遗嘱继承人和受遗赠人按比例用所得遗产偿还；如果只有遗嘱继承和遗赠的，应当由遗嘱继承人和受遗赠人按比例用所得遗产偿还。

第七章 债务纠纷诉讼程序

第一节 债务纠纷诉讼程序概述

所谓债务纠纷诉讼程序，是指债权人与债务人间因债务的履行产生纠纷，债权人诉至法院，请求法院保护其合法债权所应遵循的有关诉讼主体、时限及程序等的法律制度。

法律规定诉讼程序的目的，是为了在保护权利人的前提下，以最有效率的方式解决当事人间的纠纷。诉讼作为解决纠纷的最后手段，尽管其要求做到公平、公正，但由于其只能根据当事人的诉讼要求而采取相应的手段，其不可能预先介入民事活动。而由于当事人在提起诉讼时，其所主张的事实对于法院来说只能是法律事实而非客观事实。并且由于当事人的利益所在，其向法院陈述的未必是客观事实。因此，法院只能根据当事人向法院提交的证据，根据相应的证据规则来确定证据的合法性、可采性。

对于债权人而言，提起诉讼，请求法院确认其债权，运用国家强制力来实现债权是最后的手段。必须要明确的是，以诉讼的手段来实现债权的成本是比较高的，也存在较大的不确定性。因此，如何正确运用诉讼程序，确保胜诉，并且确保能够实现债权是债权人必须考虑的问题。

实务中，对于债权人来说，主要是确立适格的原告、被告与第三人，确定准确的诉讼请求，准备并向法院提供完整、正确的证据，认真履行诉讼过程中的权利与义务，并且在法定的诉讼时效内进行诉讼。

总结来看，诉讼实务需要重点掌握以下几点内容：一是确立适格的原告、被告；二是明确诉讼请求；三是提供必要的证据；四是注意诉讼时效，应当在诉讼时效内提起诉讼；五是向人民法院提起诉讼时，要明确该人民法院是否具有管辖权。

第二节　民事诉讼主管和管辖

>>主管

民事案件的主管，是指人民法院依法受理、审理解决一定范围内民事纠纷的权限，也是确定人民法院和国家其他机关、社会团体之间解决纠纷的分工和职权范围。民事案件的主管，其实质是确定人民法院审理民事案件的权限范围问题，也是确定当事人可以将何种纠纷诉至法院的问题。

我国《民事诉讼法》第三条规定以法律关系的性质为标准，采用概括立法的方法将“公民之间、法人之间、其他组织之间及他们相互之间因财产关系和人身关系”发生的法律纠纷作为法院民事诉讼主管范围。这是运用概括方式将许多纠纷排除在民事诉讼主管范围之外。从实务中看，目前不适合通过民事诉讼解决或者暂时不适合的情况主要有：

(1)纯属于道德范畴的纠纷。虽然道德与法律的界限不明确，但有些纠纷还是很容易就能辨明属于道德范畴的。如第三者插足的情形。

(2)纯属于宗教教义或信仰的纷争。这主要涉及人的思想领域,法律只能约束人的行为,而不能约束人的思想,因此,纯属于思想领域的宗教纠纷或信仰纠纷的,法律不能介入。

(3)政党、社团等组织对其成员进行处分引起的争议。这种争议一般属于内部纠纷,法院不宜介入。但如果这种处分行为侵犯了其成员作为一般公民享有的权利时,法院应当介入。

(4)因政治政策引发的争议。法院对政治问题一般不予涉及,对政治纠纷也尽量避免。

(5)学术、艺术、体育竞技等方面的纷争。这几类本身就是提倡争鸣或竞争的。如学术,由于学者们的观点不同,很可能会造成争论、纠纷,但如果纠纷仅限于学术上,法律是不可能介入的,因为法律不可能认定哪种观点正确,哪种观点不正确。

(6)依照法律特别规定,某类纠纷只能由法院以外机构作终局性解决的。此类案件越来越少了,因为不符合司法最终解决原则,不利于保护纠纷主体的权益。这种情况最终肯定会消失,不再存在。

(7)当事人约定将争议提交仲裁委员会的。由于我国实行“或裁或审”的原则,在当事人选择了仲裁以后,法院就不能再审理此纠纷。当然如果当事人的约定无效或者一方在争议发生后未依约向仲裁委员会提请仲裁而是提起诉讼,而另一方也未提出异议出庭答辩的,都会导致法院有权管辖此案件。

了解民事诉讼的主管概念,其意义在于如果发生了纠纷,知晓向何种机关提出请求,由该机关处理纠纷。

>>民事诉讼管辖

明确管辖问题的意义在于产生纠纷时,能够知晓到哪个法院提起诉讼,并且在合理的情况下,及时提出管辖异议,以使诉讼成本最低、诉讼时间最少。

(一)诉讼管辖的概念

民事诉讼中的管辖,是指各级法院之间和同级法院之间受理第一审民事案件的分工和权限。

（二）诉讼管辖的种类

我国《民事诉讼法》第二章专门对管辖作了规定，将管辖分为级别管辖、地域管辖、移送管辖、指定管辖四大类。其中，地域管辖又进一步分为六小类，即一般地域管辖、特殊地域管辖、专属管辖、共同管辖、选择管辖和协议管辖。

1.级别管辖

所谓级别管辖，是指上、下级人民法院之间受理第一审民事案件的分工和权限，亦即确定第一审民事案件由哪一级别的法院受理。划分级别管辖的依据是案件的性质、影响的范围、简单或复杂的程度及案件的金额大小。

根据我国民事诉讼法的有关规定，我国基层人民法院、中级人民法院、高级人民法院和最高人民法院分别管辖下列第一审民事案件：

（1）基层人民法院管辖的民事案件：除规定由中级人民法院及以上的法院管辖的第一审民事案件外，其余民事案件均由基层人民法院管辖。

（2）中级人民法院管辖下列第一审民事案件：第一，重大的涉外案件。第二，在本辖区内有重大影响的案件。各省、自治区、直辖市可以根据案情繁简程度、诉讼标的金额大小、在当地的影响等情况，对本辖区内一审案件的级别管辖提出意见，报最高人民法院批准。第三，最高人民法院确定由中级人民法院管辖的案件，如海事、海商案件，由相当于中级法院的海事法院管辖。专利纠纷案件由中级法院管辖等。

（3）高级人民法院管辖的第一审民事案件：高级人民法院管辖的第一审民事案件是在本辖区有重大影响的民事案件。一般是超出一定标的经济案件。具体金额在各地不同。

（4）最高人民法院管辖以下第一审案件：在全国范围有重大影响的案件；认为应当由最高人民法院审理的案件。

2.地域管辖

所谓地域管辖，是指按照各人民法院的辖区和民事案件的隶属关系，确定同级的但属不同区域的法院受理第一审民事案件的分工和权限。简而言之，就是确定第一审民事案件由哪一地的法院受理。

(1)一般地域管辖。又称普通地域管辖，是指按照当事人住所地与人民法院辖区的隶属关系所确定的管辖。一般地域管辖通常所适用的原则是"原告就被告"，即原告向被告所在地的人民法院起诉。被告是自然人的，其所在地为其住所地或经常居住地，被告为法人或其他组织的，则为法人的注册地或其他组织的经营地。

在自然人，自然人的住所地是指自然人的户籍所在地；经常居住地是指自然人离开住所地至起诉时已经连续居住1年以上的地方。自然人户籍迁出后尚未落户的，有经常居住地的，由该地人民法院管辖；没有经常居住地的，户籍迁出不足1年的，由其户籍所在地法院管辖；超过1年的，由居住地法院管辖。

被告是法人的，其所在地为法人的住所地，即法人的主要营业地或主要办事机构所在地。一般以法人在工商机关登记注册的住所地为准。

而一般地域管辖的例外，主要是指由原告住所地人民法院管辖；原告住所地与经常居住地不一致的，由原告经常居住地人民法院管辖。在债务诉讼中主要存在下列两种情况：

①对被劳动教养的人提起的诉讼；

②对被监禁的人提起的诉讼。

其中，双方当事人都被监禁或被劳动教养的，由被告原住所地人民法院管辖。被告被监禁或被劳动教养1年以上的，由被告被监禁地或被劳动教养地人民法院管辖。

(2)特殊地域管辖。所谓特殊地域管辖，是指以引起民事法律关系发生、变更、消灭的法律事实及诉讼标的所在地与法院辖区之间的关系为标准而确定的管辖。它是相对于一般地域管辖而言的，又称特别管辖。我国的《民事诉讼法》及相关司法解释对下列几类案件作出了特殊地域管辖的规定：

一般合同纠纷案件，由被告住所地或合同履行地人民法院管辖。

需要说明的是,由合同履行地人民法院管辖,主要是指双方当事人间存在书面合同时适用。如果双方间没有书面的合同,由合同履行地管辖不能适用。

保险合同纠纷案件,由被告住所地或保险标的物所在地人民法院管辖。

票据纠纷案件,由被告住所地或票据支付地人民法院管辖。

运输合同纠纷案件,由被告住所地或运输始发地、目的地人民法院管辖。

侵权行为纠纷案件,由被告住所地或侵权行为地人民法院管辖。

交通事故损害赔偿纠纷案件,由被告住所地或事故发生地、车辆或船舶最先到达地、航空器最先降落地人民法院管辖。

因船舶碰撞或其他海损事故请求损害赔偿提起的诉讼,由碰撞发生地、碰撞船舶最先到达地、加害船舶被扣留地或被告住所地人民法院管辖。

因海难救助费用提起的诉讼,由救助地或被救助船舶最先到达地法院管辖。

因共同海损提起的诉讼,由船舶最先到达地、共同海损理算地或航程终止地人民法院管辖。

(3)专属管辖。所谓专属管辖,是指法律规定案件必须由特定法院管辖,其他法院无权受理,当事人也不得协议变更受理法院。主要包括以下几种情况:

①因不动产纠纷提起的诉讼,由不动产所在地人民法院管辖。

②因港口作业中发生的纠纷提起的诉讼,由港口所在地人民法院管辖。

③因继承遗产纠纷提起的诉讼,由被继承人死亡时住所地或主要遗产所在地人民法院管辖。

(4)协议管辖。协议管辖是指当事人在纠纷发生前或诉讼发生后,以协议方式确定第一审民事案件的管辖法院。根据我国相关法律规定,协议管辖应符合以下条件:

①只能是合同纠纷案件或是涉外财产权益纠纷案件。

②不得与级别管辖和专属管辖的规定相违背。

③只能适用于第一审民事案件。

④应当以当事人双方自愿达成的书面协议为依据。

⑤协议选择的法院必须在法定的范围内。

3.移送管辖、指定管辖和管辖权转移

(1)移送管辖。移送管辖是指法院在受理民事案件后,发现自己对案件并无管辖权,依法将案件移送到有管辖权的法院审理。移送管辖是为法院受理案件发现错误时提供的一种纠错办法,它只是案件的移送,而不涉及管辖权的转移。

根据我国《民事诉讼法》的相关规定,移送管辖必须同时具备下列三个条件:

该案件已为法院所受理;移送的法院对该案件没有管辖权;受移送的法院对该案件有管辖权。

(2)指定管辖。所谓指定管辖,是指上级法院以裁定的方式指定其下级法院对某一案件行使管辖权。

根据我国《民事诉讼法》的相关规定,下列情形适用指定管辖:

受移送的法院认为自己对移送来的案件无管辖权;有管辖权的法院由于特殊原因不能行使管辖权;通过协商未能解决管辖争议。

(3)管辖权转移。管辖权转移,是指依据上级法院的决定或同意,将案件的管辖权从原来有管辖权的法院转移至无管辖权的法院,使无管辖权的法院因此而取得管辖权。这种转移通常发生于上下级法院之间,是对级别管辖的变通和个别调整。

根据我国《民事诉讼法》的相关规定,管辖权转移的情形有两种:

向上转移:这是指管辖权从下级法院转至上级法院。这既可能是因为上级法院认为下级法院管辖的一审案件应当由自己审理,也可能是由于下级法院认为自己管辖的一审案件需要由上级法院审理。

向下转移:这是指上级法院将自己管辖的一审案件交给下级法院审理。向下转移适用于上级法院受理案件以后,这是因为,上级法院只有在初步审查后,才能确定案件的复杂程度,才能将其中案情简单,由下级法院审理更便于当事人参与诉讼和便于法院调查案情的案件的管辖权转移给下级法院。

(三)管辖权异议

管辖权异议是指受案人对受诉法院的管辖权所提出的异议。其目的是排除该院对案件行使管辖权的意思表示。

提出管辖权异议,必须符合下列条件:

①提出异议的主体必须是本案的当事人(包括原告、被告、共同诉讼人、第三人)。其他诉讼参与人及案外人无权提起。

②管辖权异议的客体是第一审民事案件的管辖权。

③提出管辖权异议的期限须在被告提交答辩状期间届满前。

④受理管辖权异议的法院为正在受理该案的人民法院。

当事人提出管辖权异议,在诉讼实务中其目的主要有:选择一个对自己便利的管辖法院。另外,也可能基于拖延时间的目的。

>>有关管辖的法律规定

《最高人民法院关于适用〈中华人民共和国民事诉讼法〉若干问题的意见》对诉讼管辖提出了以下意见:

1.《民事诉讼法》第十九条第(一)项规定的重大涉外案件,是指争议标的额大,或者案情复杂,或者居住在国外的当事人人数众多的涉外案件。

2.专利纠纷案件由最高人民法院确定的中级人民法院管辖。

海事、海商案件由海事法院管辖。

3.各省、自治区、直辖市高级人民法院可以依照民事诉讼法第十九条第(二)项、第二十条的规定,从本地实际情况出发,根据案情繁简、诉讼标的金额大小、在当地的影响等情况,对本辖区内一审案件的级别管辖提出意见,报最高人民法院批准。

4.公民的住所地是指公民的户籍所在地,法人的住所地是指法人的主要营业地或者主要办事机构所在地。

5.公民的经常居住地是指公民离开住所地至起诉时已连续居住一年以上的地方。但公民住院就医的地方除外。

6.被告一方被注销城镇户口的,依照民事诉讼法第二十三条规定确定管辖;双方均被注销城镇户口的,由被告居住地的人民法院管辖。

7.当事人的户籍迁出后尚未落户,有经常居住地的,由该地人民法院管辖。没有经常居住地,户籍迁出不足一年的,由其原户籍所在地人民法院管辖;超过一年的,由其居住地人民法院管辖。

8.双方当事人都被监禁或被劳动教养的,由被告原住所地人民法院管辖。被告被监禁或被劳动教养一年以上的,由被告被监禁地或被劳动教养地人民法院管辖。

9.追索赡养费案件的几个被告住所地不在同一辖区的,可以由原告住所地人民法院管辖。

10.不服指定监护或变更监护关系的案件,由被监护人住所地人民法院管辖。

11.非军人对军人提出的离婚诉讼,如果军人一方为非文职军人,由原告住所地人民法院管辖。

离婚诉讼双方当事人都是军人的,由被告住所地或者被告所在的团级以上单位驻地的人民法院管辖。

12.夫妻一方离开住所地超过一年,另一方起诉离婚的案件,由原告住所地人民法院管辖。夫妻双方离开住所地超过一年,一方起诉离婚的案件,由被告经常居住地人民法院管辖;没有经常居住地的,由原告起诉时居住地的人民法院管辖。

13.在国内结婚并定居国外的华侨,如定居国法院以离婚诉讼须由婚姻缔结地法院管辖为由不予受理,当事人向人民法院提出离婚诉讼的,由婚姻缔结地或一方在国内的最后居住地人民法院管辖。

14.在国外结婚并定居国外的华侨,如定居国法院以离婚诉讼须由国籍所属国法院管辖为由不予受理,当事人向人民法院提出离婚诉讼的,由一方原住所地或在国内的最后居住地人民法院管辖。

15.中国公民一方居住在国外,一方居住在国内,不论哪一方向人民法院提起离婚诉讼,国内一方住所地的人民法院都有权管辖。如国外一方在居住国法院起诉,国内一方向人民法院起诉的,受诉人民法院有权管辖。

16.中国公民双方在国外但未定居,一方向人民法院起诉离婚的,应由原告或者被告原住所地的人民法院管辖。

17.对没有办事机构的公民合伙、合伙型联营体提起的诉讼,由被告注册登记地人民法院管辖。没有注册登记,几个被告又不在同一辖区的,被告住所地的人民法院都有管辖权。

18.因合同纠纷提起的诉讼,如果合同没有实际履行,当事人双方住所地又都不在合同约定的履行地的,应由被告住所地人民法院管辖。

19.购销合同的双方当事人在合同中对交货地点有约定的,以约定的交货地点为合同履行地;没有约定的,依交货方式确定合同履行地;采用送货方式的,以货物送达地为合同履行地;采用自提方式的,以提货地为合同履行地;代办托运或按木材、煤炭送货办法送货的,以货物发运地为合同履行地。

购销合同的实际履行地点与合同中约定的交货地点不一致的,以实际履行地点为合同履行地。

20.加工承揽合同,以加工行为地为合同履行地,但合同中对履行地有约定的除外。

21.财产租赁合同、融资租赁合同以租赁物使用地为合同履行地,但合同中对履行地有约定的除外。

22.补偿贸易合同,以接受投资一方主要义务履行地为合同履行地。

23.民事诉讼法第二十五条规定的书面合同中的协议,是指合同中的协议管辖条款或者诉讼前达成的选择管辖的协议。

24.合同的双方当事人选择管辖的协议不明确或者选择民事诉讼法第二十五条规定的人民法院中的两个以上人民法院管辖的,选择管辖的协议无效,依照民事诉讼法第二十四条的规定确定管辖。

25.因保险合同纠纷提起的诉讼,如果保险标的物是运输工具或者运输中的货物，由被告住所地或者运输工具登记注册地、运输目的地、保险事故发生地的人民法院管辖。

26.民事诉讼法第二十七条规定的票据支付地，是指票据上载明的付款地。票据未载明付款地的，票据付款人（包括代理付款人）的住所地或主营业所所在地为票据付款地。

27.债权人申请支付令，适用民事诉讼法第二十二条规定，由债务人住所地的基层人民法院管辖。

28.民事诉讼法第二十九条规定的侵权行为地，包括侵权行为实施地、侵权结果发生地。

29.因产品质量不合格造成他人财产、人身损害提起的诉讼，产品制造地、产品销售地、侵权行为地和被告住所地的人民法院都有管辖权。

30.铁路运输合同纠纷及与铁路运输有关的侵权纠纷，由铁路运输法院管辖。

31.诉前财产保全，由当事人向财产所在地的人民法院申请。

在人民法院采取诉前财产保全后，申请人起诉的，可以向采取诉前财产保全的人民法院或者其他有管辖权的人民法院提起。

32.当事人申请诉前财产保全后没有在法定的期间起诉，因而给被申请人造成财产损失引起诉讼的，由采取该财产保全措施的人民法院管辖。

33.两个以上人民法院都有管辖权的诉讼，先立案的人民法院不得将案件移送给另一个有管辖权的人民法院。人民法院在立案前发现其他有管辖权的人民法院已先立案的，不得重复立案，立案后发现其他有管辖权的人民法院已先立案的，裁定将案件移送给先立案的人民法院。

34.案件受理后，受诉人民法院的管辖权不受当事人住所地、经常居住地变更的影响。

35.有管辖权的人民法院受理案件后，不得以行政区域变更为由，将案件移送给变更后有管辖权的人民法院。判决后的上诉案件和依审判监督程序提审的案件，由原审人民法院的上级人民法院进行审判；第二审人民法院发回重审或者上级人民法院指令再审的案件，由原审人民法院重审或者再审。

36.依照民事诉讼法第三十七条第二款规定，发生管辖权争议的两个人民法院因协商不成报请它们的共同上级人民法院指定管辖时，如双方为同属一个地、市辖区的基层人民法院，由该地、市的中级人民法院及时指定管辖；同属一个省、自治区、直辖市的两个人民法院，由该省、自治区、直辖市的高级人民法院及时指定管辖；如双方为跨省、自治区、直辖市的人民法院，高级人民法院协商不成的，由最高人民法院及时指定管辖。

依前款规定报请上级人民法院指定管辖时，应当逐级进行。

37.上级人民法院依照民事诉讼法第三十七条的规定指定管辖，应书面通知报送的人民法院和被指定的人民法院。报送的人民法院接到通知后，应及时告知当事人。

>>经典案例

2002 年 8 月，原告张某与被告俞某在一次相亲大会上认识，之后开始了正式交往。交往几个月后，张某拜见了俞某父母，并送了若干彩礼。后因种种原因，双方中断恋爱关系。2003 年 9 月 15 日，张某将俞某及其父母告上了法庭，要求返还彩礼。

被告俞某及其父母在答辩期内，以自己经常居住地在伊春市为理由，向张某起诉的齐齐哈尔市人民法院提出管辖权异议，要求将本案移送伊春市人民法院审理。

齐齐哈尔市人民法院经过审查后，发现被告俞某及其父母移居伊春市居住是在 2003 年 2 月 16 日，而本案的立案日期为 2003 年 9 月 15 日，3 个被告在伊春市居住的时间至本院立案时尚不满 1 年，因此，俞某及其父母居住的伊春市不构成经常居住地，提出的管辖权异议法院不予支持。根据《中华人民共和国民事诉讼法》第三十八条之规定，齐齐哈尔市人民法院于 2003 年 10 月 7 日裁定：驳回被告俞某及其父母对本案管辖权提出的异议。

俞某及其父母对法院的裁定不服，于是，向大庆市人民法院提起上诉，称三人居住在伊春市已经满 1 年，是从 2002 年 6 月开始居住在伊春市。因此，要求撤销一审法院的裁定，将本案移送伊春市人民法院审理。同时，俞某父母还向法院提交了居住在伊春市的租房证据，可以证实俞某及其父母最早居住在伊春市的时间为 2002 年 6 月。

大庆市人民法院认为：公民离开住所地至起诉时已连续居住 1 年以上的地方为经常居住地。而我国的相关法律并没有明确规定公民申报《暂住证》为经常居住地的起算时间，因此，应当以公民实际居住时间为经常居住地的起算时间。上诉人于 2002 年 6 月起租住伊春市，距离上诉日期 2003 年 9 月 15 日已经满 1 年以上，因此，法院支持被告的上诉。根据《中华人民共和国民事诉讼法》第二十二条、第三十八条之规定，大庆人民法院于 2003 年 11 月 8 日裁定：

（一）撤销齐齐哈尔市人民法院一审民事裁定；

（二）本案移送伊春市人民法院处理。

>>律师在线

本案是一起涉及管辖权异议的案件。

《民事诉讼法》第二十二条规定，对公民提起的民事诉讼，由被告住所地人民法院管辖；被告住所地与经常居住地不一致的，由经常居住地人民法院管辖。公民的住所地，根据《民法通则》第十五条的规定，是指公民的户籍所在地的居住地。公民的经常居住地，根据最高人民法院《关于适用<民事诉讼法>若干问题的意见》第五条解释，为“公民离开住所地至起诉时已连续居住一年以上的地方”。在本案中可以看到，齐齐哈尔市人民法院和大庆市人民法院对于被告提出的管辖权异议作了相反的裁定，之所以出现这种情况，就在于对经常居住地的起算时间的理解上存在着分歧意见。齐齐哈尔市人民法院是以当事人向公安机关领取《暂住证》为经常居住地的起算时间，但大庆市人民法院认为，法律没有规定应当按照《暂住证》为经常居住地的起算时间，因此，应当以公民实际居住时间为经常居住地的起算时间。从我国有关规定中可以看到，我国法律对经常居住地的起算时间不是以领取《暂住证》作为认定标准的，认定标准是以公民离开居住地点而移居另一地点居住起算的。所以说，诸如此类案件，只要当事人能够对自己在其他地方实际开始居住的时间提供充分证据，就应以其实际开始居住的时间为其经常居住地的起算时间；如果当事人不能提供证据，那么，才能以当事人向公安机关领取《暂住证》为经常居住地的起算时间。

本案中，被告一方对自己离开户籍所在地到现在暂住地开始居住的时间，提供了足够的证据，因此，大庆市人民法院支持被告的上诉，认定伊春市为被告经常居住地，故提出的管辖权异议成立，最终裁定撤销齐齐哈尔市人民法院一审民事裁定，将本案移送伊春市人民法院处理。

第三节 诉讼参加人

进行诉讼的一个非常重要的方面是当发生纠纷时，到底以什么人作为被告。并且在确定被告的情况下，以何人的名义起诉即何人为原告。另外，有些案件可能牵涉第三人的权益，此时，第三人的参加就有必要。因此，对于诉讼参加人特别是当事人的把握就尤为必要。

在民事诉讼过程中，必备的参加人为当事人，即原告与被告。他们的诉讼行为对于诉讼程序的发生、变更或消灭具有很大影响，与诉讼结果有利害关系。另外，在诉讼过程中，有些当事人委托其他人代为参加诉讼，我们称之为诉讼代理人。当然，在诉讼过程中，某些案件可能牵涉证人、鉴定人、勘验人、翻译人员等，但证人、鉴定人、勘验人、翻译人员的诉讼行为对于诉讼程序的发生、变更或消灭不产生任何影响。另外，在诉讼过程中，可能会发生第三人参加诉讼的情况。

>>当事人

所谓当事人,是指因民事上的权利义务关系发生纠纷,以自己的名义进行诉讼,并受法院的裁判拘束的利害关系人。当事人在不同的诉讼程序中有不同的称谓。

在一审普通程序和简易程序中,称为原告与被告;在二审程序中,称上诉人与被上诉人;在执行程序中,称申请人与被申请人;在反诉中,称反诉人与被反诉人。当事人的称谓不同,表明其在不同的诉讼程序中具有不同的诉讼地位,享有的诉讼权利与承担的诉讼义务也不完全相同。

当事人要参加诉讼,必须具有相应的诉讼权利能力与诉讼行为能力。

1.诉讼权利能力是能够成为民事诉讼当事人的资格

自然人的诉讼权利能力始于出生终于死亡。法人与其他组织的诉讼权利能力始于该组织的成立,终于该组织的终止。

如果法人进入清算程序(包括破产清算程序),则由清算组织或破产清算组织代表该法人进行诉讼。

现实中谁有权提起诉讼,即何人有资格当原告并不是被所有人理解和掌握的。一般来说,什么人的权益与他人产生纠纷、什么人的权益受到侵害,则该人有权提起诉讼,即有资格做原告。例如,一个小孩在幼儿园,被另一小朋友打伤,则能够做原告的是该小孩而不是其父母或其他人。

另外,一个比较现实的问题是,如果一个法人的营业执照被吊销,但没有经过清算程序,其是否能够以自己的名义起诉或被诉。这在目前我国社会中是一个不容忽视的问题。因为我国目前设立企业(特别是公司)在一些地方是相当便利的,更有一些开发区为了取得税收或其他好处,将根本不具备条件的企业注册为公司,而所谓设立公司的行为只需要提供两张身份证复印件。这就造成相当多的公司在设立后并没有实际运行或是运行不良,既不参加年检也不在工商机关吊销营业执照后及时进行清算注销。

针对这一问题,最高法院曾经作出过批复,明确企业在营业执照被吊销后进行清算并办理注销手续的,应当以该企业法人作为诉讼主体。如果该企业法人组成人员下落不明,可以以其开办单位作为诉讼主体。但如果不存在投资不足或转移财产逃避债务情形的,开办单位仅应作为企业清算责任人参加诉讼,承担清算责任。另外,有些地方规定,如果企业营业执照吊销而未注销的,应当以清算责任人作为诉讼当事人。

另外,一个比较重要的问题是,筹建中的法人以自己的名义从事民事活动产生纠纷时,诉讼主体的确定问题。一般认为,筹建中的法人是为筹建法人而设立的组织,是为筹建法人而进行各项准备工作。在此期间如果因此而产生纠纷,视情况不同而作区别处理。如果法人成立,则应当由成立后的法人作为诉讼主体。如果法人未成立,则应由筹建人或设立人承担连带责任。

2.诉讼行为能力是以自己的行为实现诉讼权利和履行诉讼义务的资格

对于自然人而言,由于受到其认知能力与意志力的限制,并非所有的自然人当然具备诉讼行为能力。对于无民事行为能力人与限制行为能力人,其进行诉讼活动必须由其法定代理人代为进行。

对于法人来说,其诉讼行为能力与其诉讼权利能力同时产生与终止。但由于法人是一个组织,并不具备与自然人一样的人格。因此,法人的诉讼行为能力是通过其法定代表人来实现的。

对于非法人组织,其诉讼行为能力与其诉讼权利能力同时产生与终止,其诉讼行为能力是通过其负责人来实现的。

3.共同诉讼人

民事诉讼中,通常情况下是一个原告与一个被告,但有时原告或被告一方有两人或两人以上,这种情况称为共同诉讼。在共同诉讼中,共同起诉或共同应诉的人就叫作共同诉讼人。原告为两人或两人以上的称为共同原告,被告为两人或两人以上的称为共同被告。共同诉讼有两种,一种是普通的共同诉讼,另一种是必要的共同诉讼。因此,共同诉讼人又可以进一步分为普通的共同诉讼人和必要的共同诉讼人。

(1)必要的共同诉讼是指当事人一方或双方为两人或两人以上,其诉讼标的是共同的,人民法院必须合并审理的诉讼。必要共同诉讼中的共同诉讼人就是必要的共同诉讼人。构成必要的共同诉讼人必须满足以下条件:第一,当事人一方或双方为两人或两人以上;第二,诉讼标的必须是共同的;第三,人民法院必须合并审理,合一判决。在民事诉讼中,必要共同诉讼人既有其共同性,也有其独立性。在独立性上,各共同诉讼人均是独立的民事主体,其民事诉讼行为能力各自独立。在共同性上,因其诉讼标的具有共同性,导致其民事诉讼行为能力也具有一定的共同性,即必要的共同诉讼人在行使共同的权利和履行共同的义务时,应当共同进行。如果单独进行,单独进行人的诉讼行为只有经其他共同诉讼人承认,才能对他们发生法律效力。

诉讼实务中,必要的共同诉讼人存在于以下情形中:

为数人共有的权益受到他人侵害,部分共有权人起诉的,其他共有权人应当列为共同原告,从而一起构成必要的共同诉讼人。

代理人与被代理人依法应当承担连带责任的,为共同被告,从而构成必要的共同诉讼人。

遗产继承纠纷中的部分继承人起诉,其他继承人既未被诉,又未参加诉讼,人民法院应当通知其参加诉讼。被通知的继承人又未明确表示放弃继承权的,应列为共同原告,从而构成必要的共同诉讼人。

债权人因保证纠纷提起诉讼,向保证人和被保证人一并主张权利的,保证人和被保证人是共同被告,从而形成必要的共同诉讼人。

借用业务介绍信、合同专用章、盖章的空白介绍信、银行账户,借用人被他人起诉的,出借单位与借用人应列为共同被告,是必要的共同诉讼人。

企业法人分立后因分立前的民事活动发生纠纷,以分立后的各企业为共同诉讼人,从而形成必要的共同诉讼人。

个人合伙因合伙事务与他人发生纠纷,全体合伙人在诉讼中为共同诉讼人,这也是必要的共同诉讼人。

个体工商户、个人合伙或者私营企业挂靠集体企业,并以集体企业的名义从事生产经营活动的,在诉讼中,挂靠人与被挂靠企业为必要的共同诉讼人。

个体户在经营中发生民事纠纷,营业执照上登记的业主与实际经营者不一致的,以业主和实际经营者为必要的共同诉讼人。

(2)普通的共同诉讼又称为一般的共同诉讼,是指当事人一方或双方为两人或两人以上,诉讼标的是同一种类,人民法院认为可以合并审理并经当事人同意而进行合并审理的诉讼。普通共同诉讼中的共同诉讼人就是普通的共同诉讼人。构成普通共同诉讼人需满足以下条件:第一,当事人一方或双方为两人以上;第二,诉讼标的属同一种类;第三,人民法院认为可以合并审理且获得当事人同意;第四,属同一诉讼程序,归同一人民法院管辖;第五,必须符合合并审理的目的。与上述必要共同诉讼人相比,普通共同诉讼人最明显的特征就是其在诉讼中的地位是各自独立的,他们在诉讼中独立地使用自己的诉讼权利、履行自己的诉讼义务。这就是说,任何一个普通共同诉讼人的诉讼行为,对其他共同诉讼人都没有约束力,而是各自对自己的诉讼行为负责。

4.诉讼代表人(群体诉讼)

诉讼代表人,是指当事人众多的一方,推选出代表,由其为维护本方当事人利益而进行诉讼活动的人。根据我国《民事诉讼法》《民诉意见》的相关规定,当事人一方人数众多,一般是指10人以上。推选出的诉讼代表人为2~5人。作为诉讼代表人,其通常应符合以下条件:与其所代表的一方当事人存在共同的利益。这就意味着,诉讼代表人只能从一方共同诉讼人中选出,与被代表的一方全体成员有共同的权利义务关系。应具有相应的诉讼能力,即诉讼代表人应当是被代表的一方当事人中智力水平、文化知识、法律水平较高,有一定诉讼经验、威望和地位的人。乐于为维护所代表的全体成员的利益服务。

代表人诉讼可分为人数确定的代表人诉讼和人数不确定的代表人诉讼两种。因此,诉讼代表人也可分为相应的两种,即人数确定的诉讼代表人和人数不确定的诉讼代表人。

(1)人数确定的诉讼代表人,是指在共同诉讼中,虽然一方当事人的人数是确定的,但因当事人人数众多,从而由该群体的全体成员推选其中一个或者数个(原则上不超过5个),授权其代为起诉或应诉的人。

根据我国《民诉意见》的规定,诉讼代表人由全体或部分当事人民主选举产生。如果推举不出,在必要的共同诉讼中,则可由当事人自己直接参加诉讼;在普通的共同诉讼中,当事人则可以另行起诉。

在诉讼实务中,人数确定的诉讼代表人产生后,就由其代表人数众多的全体当事人在诉讼中行使诉讼权利、履行诉讼义务。他(们)虽然可以依法聘请诉讼代理人进行诉讼,但代表人本人仍应当亲自出庭,亲自进行必要的诉讼活动。他(们)在打官司活动中所实施的诉讼行为对其所代表的全体当事人产生法律效力,不需要他们一一承认。当然,代表人放弃诉讼请求或者承认对方当事人的诉讼请求、进行和解,必须经被代表的当事人同意。另外,人民法院制作的裁判发生法律效力后,其效力不仅及于诉讼代表人本人,而且及于他所代表的未直接参与本案的全部当事人,但对未参加诉讼或另行起诉的当事人则不产生效力。

(2)人数不确定的诉讼代表人,是指诉讼标的是同一种类、当事人一方人数众多,在起诉时人数尚未确定,由向人民法院登记的权利人推选或由人民法院与其商定,并代表被代表人进行诉讼的人。

与人数确定的诉讼代表人相比,人数不确定的诉讼代表人有其特定的推选程序,它需经过案件管辖法院的确定、受理法院发布公告、权利人登记、权利人推选或商定代表人、审理与裁判这一系列的步骤,在推举不出的情况下,还可由人民法院与参加登记的当事人协商确定。若经过协商仍确定不了的,还可以由人民法院指定代表人。

>>第三人

1.第三人的概念

所谓第三人是指对他人争议的诉讼标的有独立的请求权,或虽无独立的请求权,但案件的处理结果与其有法律上的利害关系,而参加到原告、被告已经开始的诉讼中进行诉讼的人。第三人的构成,需符合以下两个条件:对原、被告争议的诉讼标的认为有独立的请求权,或者案件处理结果可能与其有法律上的利害关系。在他人诉讼开始后,审理终结前参加诉讼。通常,根据对他人之间的诉讼标的是否具有独立的请求权,可将第三人分为:有独立请求权的第三人和无独立请求权的第三人。

2.有独立请求权的第三人

所谓有独立请求权的第三人,是指对原、被告之间争议的诉讼标的认为有独立的请求权,参加到原告、被告已经开始的诉讼中进行诉讼的人。其中,第三人对诉讼标的主张,既可以是涉及全部权益,亦可只涉及部分权益。通过独立请求权的提出,第三人将自己置于原告的地位,而原先的原告与被告则共同成为了第三人的被告。

3.无独立请求权的第三人

所谓无独立请求权的第三人,是指对他人争议的诉讼标的虽无独立的请求权,但案件的处理结果与其有法律上的利害关系,而参加到原告、被告已经开始的诉讼中进行诉讼的人。

在诉讼实务中,无独立请求权的第三人是以申请参加或法院通知参加的方式参加诉讼的。若是申请参加诉讼,则应向人民法院递交申请书,说明理由,并经人民法院审查同意;若是法院通知参加诉讼,则第三人应当参加诉讼,经人民法院传票传唤,无正当理由拒不到庭的,可以缺席判决。

需要注意的是,我国最高人民法院于 1994 年公布了《关于在经济审判工作中严格执行<中华人民共和国民事诉讼法>的若干规定》,其中明确了几种不得作为第三人通知其参加诉讼的情形:

受诉人民法院对与原、被告双方争议的诉讼标的无直接牵连和不负有返还或赔偿等义务的人,以及原告或被告约定仲裁或有约定管辖的案外人,或专属管辖案件的一方当事人,均不得作为无独立请求权的第三人通知其参加诉讼。

人民法院在审理产品质量纠纷案件中,对原、被告之间法律关系以外的人,证据已证明其已经提供了合同约定或符合法律规定的产品的,或者案件中的当事人未在规定的质量异议期内提出异议的,或者作为收货方已经认可该产品质量的,不得作为无独立请求权的第三人通知其参加诉讼。

人民法院对已经履行了义务,或者依法取得了一方当事人的财产,并支付了相应对价的原、被告之间法律关系以外的人,不得作为无独立请求权的第三人通知其参加诉讼。

>>诉讼参加人之诉讼代理人

1.诉讼代理人的概念和种类

诉讼代理人,是指以当事人的名义,依法律规定或当事人委托,在一定的权限范围内,代替或协助当事人进行诉讼活动的人。其中,被代理或协助的当事人,称为被代理人;诉讼代理人代当事人进行民事诉讼活动的权限,被称为诉讼代理权;代当事人实施的诉讼行为,被称为诉讼代理行为。

根据诉讼代理人代理权限的来源不同,我国的诉讼代理人可分为法定诉讼代理人和委托诉讼代理人。

2.法定诉讼代理人

(1)法定诉讼代理人,是指根据法律规定,代理无诉讼行为能力的当事人进行民事活动的人。其中的无诉讼行为能力当事人是指无民事行为能力或限制民事行为能力的人。

法定诉讼代理人最基本的特征是代理权的取得不是基于当事人的委托,而是根据法律的直接规定。

(2)由于法定诉讼代理人的被代理人仅限于无民事行为能力人或限制民事行为能力人,因此,法定诉讼代理人的范围,一般与无民事行为能力人或限制民事行为能力人的监护人相一致。我国《民法通则》第十六、十七条对未成年人和精神病人的监护人范围作了明确的规定,该规定可作为确定我国法定诉讼代理人范围的依据。其具体内容如下:

通常情况下,未成年人的监护人是其父母,父母死亡或没有监护能力的,由下列人员中有监护能力的人按照如下顺序担任监护人:祖父母、外祖父母;(成年)兄、姐;关系密切的其他亲属、朋友愿意承担责任,经未成年人父、母所在单位或未成年人住所地的居民委员会、村民委员会同意的。没有上述监护人的,由未成年人父、母所在单位或未成年人住所地的居民委员会、村民委员会或民政部门担任监护人。

可以担任无民事行为能力或限制民事行为能力的精神病人的监护人的顺序是:配偶;父母;成年子女;其他近亲属;关系密切的其他亲属、朋友愿意承担监护责任,经精神病人所在单位或精神病人住所地的居民委员会、村民委员会同意的。没有上述监护人的,由精神病人所在单位或精神病人住所地的居民委员会、村民委员会或者民政部门担任监护人。

3.委托诉讼代理人

(1)委托诉讼代理人,是指受当事人、法定代理人、法定代表人(负责人)的委托,并以他们的名义在授权范围内进行诉讼活动的人。其最基本的特征是代理权是基于当事人的委托而获得的。每个当事人最多可以委托两个代理人。

(2)根据《民事诉讼法》第五十八条的规定,我国的委托诉讼代理人包括:①律师,即指受过系统的专业法律培训,拥有律师执业执照的各类专、兼职律师。②当事人的近亲属,包括当事人的配偶、父母、成年子女和同胞兄弟姐妹。③有关社会团体或单位推荐的人。前者主要是指与当事人有关的,存在某种保护关系的社会团体;后者是指当事人工作单位推荐并能胜任代理之责的人。④经人民法院许可的公民。这里的公民是专指上述人员以外的公民。根据我国《民诉意见》第六十八条的规定,除律师、当事人的近亲属、有关的社会团体或者当事人所在单位推荐的人以外,当事人还可以委托其他公民作为诉讼代理人。但无民事行为能力的人、限制民事行为能力的人、可能损害被代理人利益的人以及法院认为不宜作诉讼代理人的人不能作为委托诉讼代理人。

需要说明的是,目前我国司法实践规定,只有律师或法律工作者能够从事有偿代理活动。其他人如果从事代理活动,除了其发生的实际费用由当事人据实支付外,不得要求当事人另外支付其他费用。

>>诉讼实务中常见的纠纷

诉讼实务中,主要存在的纠纷有:

(1)当事人对原、被告是否适格可能会存在争议,主要是其有无诉权,其权利能力是否存在。

(2)共同诉讼人部分撤诉或承认对方的诉讼请求,其他共同诉讼人未作意思表示,此时撤诉或承认行为对未作意思表示的共同诉讼人的效力。

(3)诉讼代理人越权代理,该行为对被代理人的效力。

(4)代表人已实施的损害被代表人权益的代表行为,对被代表人具有的效力。

>>有关诉讼参加人的法律规定

《最高人民法院关于适用〈中华人民共和国民事诉讼法〉若干问题的意见》对诉讼参加人提出了以下意见:

38.法人的正职负责人是法人的法定代表人。没有正职负责人的,由主持工作的副职负责人担任法定代理人。设有董事会的法人,以董事长为法定代表人;没有董事长的法人,经董事会授权的负责人可作为法人的法定代表人。

不具备法人资格的其他组织,以其主要负责人为代表人。

39.在诉讼中,法人的法定代表人更换的,由新的法定代表人继续进行诉讼,并应向人民法院提交新的法定代表人身份证明书。原法定代表人进行的诉讼行为有效。

本条的规定,适用于其他组织参加的诉讼。

40.民事诉讼法第四十九条规定的其他组织是指合法成立、有一定的组织机构和财产,但又不具备法人资格的组织,包括:

(1)依法登记领取营业执照的私营独资企业、合伙组织;

(2)依法登记领取营业执照的合伙型联营企业；

(3)依法登记领取我国营业执照的中外合作经营企业、外资企业；

(4)经民政部门核准登记领取社会团体登记证的社会团体；

(5)法人依法设立并领取营业执照的分支机构；

(6)中国人民银行、各专业银行设在各地的分支机构；

(7)中国人民保险公司设在各地的分支机构；

(8)经核准登记领取营业执照的乡镇、街道、村办企业；

(9)符合本条规定条件的其他组织。

41.法人非依法设立的分支机构,或者虽依法设立,但没有领取营业执照的分支机构,以设立该分支机构的法人为当事人。

42.法人或者其他组织的工作人员因职务行为或者授权行为发生的诉讼,该法人或其组织为当事人。

43.个体工商户、个人合伙或私营企业挂靠集体企业并以集体企业的名义从事生产经营活动的,在诉讼中,该个体工商户、个人合伙或私营企业与其挂靠的集体企业为共同诉讼人。

44.在诉讼中,一方当事人死亡,有继承人的,裁定中止诉讼。人民法院应及时通知继承人作为当事人承担诉讼,被继承人已经进行的诉讼行为对承担诉讼的继承人有效。

45.个体工商户、农村承包经营户、合伙组织雇佣的人员在进行雇佣合同规定的生产经营活动中造成他人损害的,其雇主是当事人。

46.在诉讼中,个体工商户以营业执照上登记的业主为当事人。有字号的,应在法律文书中注明登记的字号。

营业执照上登记的业主与实际经营者不一致的,以业主和实际经营者为共同诉讼人。

47.个人合伙的全体合伙人在诉讼中为共同诉讼人。个人合伙有依法核准登记的字号的,应在法律文书中注明登记的字号。全体合伙人可以推选代表人;被推选的代表人,应由全体合伙人出具推选书。

48.当事人之间的纠纷经仲裁机构仲裁或者经人民调解委员会调解,当事人不服仲裁或调解向人民法院提起诉讼的,应以对方当事人为被告。

49.法人或者其他组织应登记而未登记即以法人或者其他组织名义进行民事活动，或者他人冒用法人、其他组织名义进行民事活动，或者法人或者其他组织依法终止后仍以其名义进行民事活动的，以直接责任人为当事人。

50.企业法人合并的，因合并前的民事活动发生的纠纷，以合并后的企业为当事人；企业法人分立的，因分立前的民事活动发生的纠纷，以分立后的企业为共同诉讼人。

51.企业法人未经清算即被撤销，有清算组织的，以该清算组织为当事人；没有清算组织的，以作出撤销决定的机构为当事人。

52.借用业务介绍信、合同专用章、盖章的空白合同书或者银行账户的，出借单位和借用人为共同诉讼人。

53.因保证合同纠纷提起的诉讼，债权人向保证人和被保证人一并主张权利的，人民法院应当将保证人和被保证人列为共同被告；债权人仅起诉保证人的，除保证合同明确约定保证人承担连带责任的外，人民法院应当通知被保证人作为共同被告参加诉讼；债权人仅起诉被保证人的，可只列被保证人为被告。

54.在继承遗产的诉讼中，部分继承人起诉的，人民法院应通知其他继承人作为共同原告参加诉讼；被通知的继承人不愿意参加诉讼又未明确表示放弃实体权利的，人民法院仍应把其列为共同原告。

55.被代理人和代理人承担连带责任的，为共同诉讼人。

56.共有财产权受到他人侵害，部分共有权人起诉的，其他共有权人应当列为共同诉讼人。

57.必须共同进行诉讼的当事人没有参加诉讼的，人民法院应当依照民事诉讼法第一百一十九条的规定，通知其参加；当事人也可以向人民法院申请追加。人民法院对当事人提出的申请，应当进行审查，申请无理的，裁定驳回；申请有理的，书面通知被追加的当事人参加诉讼。

58.人民法院追加共同诉讼的当事人时，应通知其他当事人。应当追加的原告，已明确表示放弃实体权利的，可不予追加；既不愿意参加诉讼，又不放弃实体权利的，仍追加为共同原告，其不参加诉讼，不影响人民法院对案件的审理和依法作出判决。

59.《民事诉讼法》第五十四条和第五十五条规定的当事人一方人数众多，一般指十人以上。

60.依照《民事诉讼法》第五十四条规定，当事人一方人数众多在起诉时确定的，可以由全体当事人推选共同的代表人，也可以由部分当事人推选自己的代表人；推选不出代表人的当事人，在必要的共同诉讼中可由自己参加诉讼，在普通的共同诉讼中可以另行起诉。

61.依照《民事诉讼法》第五十五条规定，当事人一方人数众多在起诉时不确定的，由当事人推选代表人，当事人推选不出的，可以由人民法院提出人选与当事人协商，协商不成的，也可以由人民法院在起诉的当事人中指定代表人。

62.《民事诉讼法》第五十四条和第五十五条规定的代表人为二至五人，每位代表人可以委托一至二人作为诉讼代理人。

63.依照《民事诉讼法》第五十五条规定受理的案件，人民法院可以发出公告，通知权利人向人民法院登记。公告期根据具体案件的情况确定，最少不得少于三十日。

64.依照《民事诉讼法》第五十五条规定向人民法院登记的当事人，应证明其与对方当事人的法律关系和所受到的损害。证明不了的，不予登记，当事人可以另行起诉。人民法院的裁判在登记的范围内执行。未参加登记的权利人在诉讼时效期间内提起诉讼，人民法院认定其请求成立的，裁定适用人民法院已作出的判决、裁定。

65.依照《民事诉讼法》第五十六条的规定，有独立请求权的第三人有权向人民法院提出诉讼请求和事实、理由，成为当事人；无独立请求权的第三人，可以申请或者由人民法院通知参加诉讼。

66.在诉讼中，无独立请求权的第三人有当事人的诉讼权利义务，判决承担民事责任的无独立请求权的第三人有权提出上诉。但该第三人在一审中无权对案件的管辖权提出异议，无权放弃、变更诉讼请求或者申请撤诉。

67.在诉讼中,无民事行为能力人、限制民事行为能力人的监护人是他的法定代理人。事先没有确定监护人的,可以由有监护资格的人协商确定,协商不成的,由人民法院在他们之间指定诉讼中的法定代理人。当事人没有《民法通则》第十六条第一、二款或者第十七条第一款规定的监护人的,人民法院可以指定该法第十六条第四款或者第十七条第三款规定的有关组织担任诉讼期间的法定代理人。

68.除律师、当事人的近亲属、有关的社会团体或者当事人所在单位推荐的人之外,当事人还可以委托其他公民为诉讼代理人。但无民事行为能力人、限制民事行为能力人或者可能损害被代理人利益的人以及人民法院认为不宜作诉讼代理人的人,不能作为诉讼代理人。

69.当事人向人民法院提交的授权委托书,应在开庭审理前送交人民法院。授权委托书仅写"全权代理"而无具体授权的,诉讼代理人无权代为承认、放弃、变更诉讼请求,进行和解,提起反诉或者上诉。

>>经典案例

2003 年 6 月 14 日,程某、宋某、肖某和夏某 4 人订立书面协议,共同承包某供销合作社山货经营业务,协议约定,4 人每人出资 1 万元,程某为代表人。但经营了半年后,供销合作社就与程某等人发生了矛盾。供销合作社在核查账目时,发现账目资金存在问题,于是,认定程某等 4 人多领取资金 6000 元,供销合作社向 4 人追收,但遭到了拒绝,为此,供销合作社将代表人程某作为被告向人民法院提起诉讼,要求返还资金。程某认为事实有误,向法庭书面申请追加其他 3 人为当事人,共同应诉,并且此 3 人有应诉要求。但是,法庭没有支持共同应诉的请求,因为供销合作社只将程某作为被告进行起诉,如果程某认为其余 3 人也应承担责任,可以在判决后另行起诉。2004 年 2 月 26 日,法院作出判决,要求程某归还供销社 6000 元。一审判决生效后,程某以计算有误且应 4 人应诉为由向检察机关申诉,请求抗诉。检察机关经审查认为,程某申诉有理,应对程序问题提出抗诉,遂提出了抗诉。

>>律师在线

本案是涉及共同应诉的案件,对于程某提出的申诉,检察机关的处理是合法正当的。

第一,程某等4人为个人合伙,而合伙人在民事诉讼中为共同诉讼人。

最高人民法院1988年1月26日通过的《关于贯彻执行<中华人民共和国民法通则>若干问题的意见(试行)》第四十五条第二款规定:"未起字号的个人合伙,合伙人在民事诉讼中为共同诉讼人。"据此,本案中的4人为共同诉讼人。

第二,程某等4人的诉讼为必要的共同诉讼,法院必须追加当事人。我国《民事诉讼法》第五十三条规定,当事人一方或双方为二人以上,其诉讼标的是共同的,或者诉讼标的是同一种类、人民法院认为可以合并审理并经当事人同意的,为共同诉讼。共同诉讼的一方当事人对诉讼标的有共同权利义务的,其中一人的诉讼行为经其他共同诉讼人承认,对其他共同诉讼人发生效力;对诉讼标的没有共同权利义务的,其中一人的诉讼行为对其他共同诉讼人不发生效力。民事诉讼理论认为,必要的共同诉讼是指当事人一方或者双方各为两人以上,其诉讼标的是共同的诉讼。可以看到,案件中程某等4人具有共同的诉讼标的,即6000元资金,因此,其诉讼是必要的共同诉讼。民事诉讼理论还认为,必要的共同诉讼是不可分之诉。也就是说,对于共同诉讼,不能分开起诉和分开应诉,法院必须一同审理,一同裁决。针对被告有遗漏的案件,则必须追加。

我国《民事诉讼法》第一百一十九条规定:"必须共同进行诉讼的当事人没有参加诉讼的,人民法院应当通知其参加诉讼。"最高人民法院1992年7月14日印发的《关于运用<中华人民共和国民事诉讼法>若干问题的意见》第五十七条规定:"必须共同进行诉讼的当事人没有参加诉讼的,人民法院应当依照《民事诉讼法》第一百一十九条的规定,通知其参加;当事人也可以向人民法院申请追加。人民法院对当事人提出的申请,应当进行审查,申请无理的,裁定驳回;申请有理的,书面通知被追加的当事人参加诉讼。"综上,对于共同诉讼,我国相关法律都有明确的规定,本案中应当对程某以外的其余 3 人进行当事人追加。

第四节 诉讼证据

通俗地说,能够证实另一个事实客观存在的事实就是证据,使用证据对一定的事实所作出的描述、说明或界定叫作证明,需要证据证明的事实则称为证明对象。证据是一种普遍存在的客观实在,作为证据的事实只要同需要证明的事实间保持着一定的联系,就能产生一定的证据力,而任何具有证据力的事实作用于证明对象时都具有相应的证明力。

民事诉讼证据是指能够证明民事案件真实情况的各种客观事实。亦即民事诉讼中当事人向法院提供的或者法院依职权收集的用以证明案件事实的各种材料。

民事诉讼证据,应当具备如下特点:

(1)客观性。所谓民事证据的客观性,是指证据必须是客观存在的事实,是指民事诉讼证据本身是客观的、真实的,而不是想象的、虚构的、捏造的。

(2)关联性。所谓关联性,是指证据与待证事实间存在的内存的必然的联系。这种联系既包括直接联系,也包括间接联系;既包括肯定联系,也包括否定联系。

(3)合法性。单纯从事实认定的角度看,作为一种客观的存在,证据本身并不存在合法或不合法的问题。证据的合法性主要是指证据程序的合法性。侵犯证据程序的合法性的行为大致包括以下三个方面:

一是,用暴力或其他强制手段获取证据,如刑讯逼供,威逼或胁迫证人作虚假的证明等;二是,采取设置圈套或虚假承诺等非暴力方法骗取证据,如高价收买证据等;三是,以获取证据为唯一目的,违背令状主义原则获得证据,如未经当事人许可而秘密窃听电话、秘密录音等。

>>证据的形式

我国《民事诉讼法》中将民事诉讼证据划分为书证、物证、视听资料、证人证言、当事人陈述、鉴定结论、勘验笔录7种。

1.书证

书证是指以文字、符号、图形等形式所记载的内容或表达的思想来证明案件事实的证据。其之所以被称为书证,在于它具有两方面的特征:一是它的外观呈书面形式,二是它所记载或表示的内容能够证明案件事实,这也是书证的本质所在。在司法实践中,书证的表现形式是多种多样的。既有书写的、打印的,也有刻制的等;既有纸张的,也有竹木、布料以及石块的等。日常生活中常见的具体表现形式有:合同、文书、票据、商标图案等。总体而言,书证的主要表现形式是各种书面文件,但有时也表现为各种物品。书证在民事诉讼中是普遍被应用的一种证据,在民事诉讼中起着非常重要的作用。

2.物证

物证是指以其自身存在的外形、质量、规格、重量、特征等标志来证明待证事实的一部分或全部的证据。这就意味着物证是通过其外部特征和自身所具有的属性来证明案件的真实情况的,它不受人们主观因素的影响和制约。正因为如此,物证在民事诉讼中是非常重要的证据之一。民事诉讼中常见的物证有:争议的标的物(如物品)、侵权所损害的物体以及侵权所使用的工具(如肇事汽车)、遗留的痕迹(如指纹)等。

3.视听资料

(1)视听资料是指采用先进科学技术,利用图像、音响以及电脑存储的数据资料等来证明案件事实的一种证据。它具体包括录像带、录音磁带、传真资料、电影胶卷、微型胶卷、电话录音、电子磁盘、雷达扫描资料和其他以高科技设备存储的信息。

由于视听资料是借助现代科技手段而形成的,因而其具有生动逼真、便于使用、易于保管等特点。具体而言,首先,视听资料具有高度的准确性、真实性和动态直观性。由于视听资料是采用现代科学技术手段记录下的有关案件的原始材料,其在形成过程中一般不受录制人、操纵者或其他人主观因素的影响,故它同物证一样,能够比较客观地反映案件的事实。其次,借助现代科技手段,视听资料的载体往往还具有体积小、重量轻等优点,从而使视听资料易于保管和使用。当然,这也使其对现代科技有明显的依赖性。

同时,鉴于现代科技的强大功能,视听资料往往比较容易被人利用技术手段加以篡改,因此其并不是绝对可靠的证据。在诉讼实务中,需对视听资料进行全面审查,具体分析。既要查明当事人所提供的视听资料的来源,录制的时间、地点,录制的内容、目的,参与录制的人,录制的形象和声音是否真实,又要查核该项视听资料的保管、储存情况等。凡是窃听、偷录、剪接、篡改、内容失真的视听资料,都不能作为诉讼证据。

(2)一般而言,视听资料可根据其形成方式的不同分为录音录像资料、电脑储存的资料和电视监视资料三大类。

录音录像资料,是指用现代科技手段将声音、图像如实地加以记录,通过该记录的重放来证明案件事实的一种证据;电脑储存资料是指通过计算机中储存的数据和信息,来证明案件事实的证据;电视监视资料是指对特定人或物通过电视监视手段所获得的图像和声音,并用于证明案件事实的一种证据。

4.证人证言

(1)证人是指知晓案件事实并应当事人的要求和法院的传唤到法庭作证的人;证言是指证人将其了解的案件事实向法院所作的陈述或证词。证人证言的构成,需满足以下几个条件:一是证人所陈述的事实必须是与案件有联系的客观情况。二是证言的内容只涉及证人对案件事实的客观陈述,不能包括任何主观评价。三是对于案件事实需是亲自所见所闻。

我国《民事诉讼法》中明确规定:“凡是知道案件情况的单位和个人,都有义务出庭作证。有关单位的负责人应当支持证人作证……”这就意味着,在我国,证人包括两类:一类是单位证人,单位作为证人要出庭作证时,应当由单位的法定代表人、负责人或经其授权的人代表单位作证;另一类是作为自然人的证人。自然人作为证人,除必须了解案件的事实外,还须能够正确表达自己的意志。若不能正确表达意志,则不能作为证人。对于无民事行为能力和限制民事行为能力的人,若待证事实与其年龄状况相适应,则可以作为证人。

(2)根据我国法律规定,证人证言有两种形式:一是口头形式,二是书面形式。

所谓口头形式,是指证人就所了解的案件事实向法庭所作的陈述。在诉讼实务中,证人证言基本以口头陈述为主,即证人是以到庭接受口头询问为主要作证方式。在提供证人证言的程序上,我国法律规定,当事人向人民法院申请要求证人出庭作证时,应当在举证期限届满十日前提出,并经人民法院许可。且必须指明证人的姓名、住址,以便法院传唤。同时,当事人虽未申请,法院为了查明一定的案情事实,也可依职权主动地传唤证人。

所谓书面形式,是指以文字形式向人民法院陈述已知的案件事实。根据我国法律规定,只有在“证人确有困难不能出庭”的情况下,经人民法院许可,证人方可以提交书面证言。“确有困难不能出庭”主要是指年迈体弱或者行动不便无法出庭的;特殊岗位确实无法离开的;路途特别遥远,交通不便难以出庭的;因自然灾害等不可抗力的原因无法出庭的;其他无法出庭的特殊情况。在此情况下提交的书面证言还应当庭宣读,以听取当事人的意见。

5.当事人陈述

当事人陈述是指当事人在诉讼中就与本案有关的事实,向法院所作的表述。它包括口头形式和书面形式两种情况。

在诉讼实务中,当事人陈述通常可以分为对案件事实的陈述和当事人的承认两类。在当事人对案件事实的陈述中,由于其与诉讼结果有着直接的利害关系,决定了其陈述具有真实与虚假并存的特点。因而,审判人员应结合本案的其他证据对当事人的陈述进行审查核实,以辨明其真伪。当事人的承认,是指一方当事人对另一方当事人所证明的事实的真实性表示同意的一种陈述,即当事人对案件事实的认可。一旦当事人认可了某事实,即可免除相应的证明责任。在承认的主体方面,既可以是原告,也可以是被告,还可以是法定代理人、第三人、诉讼代表人和经被代理人特别授权的诉讼代理人。必须注意的是,只有当事人在诉讼过程中向法院所作的承认,才会对当事人发生拘束效力;在庭审外所作的承认,因其没有人民法院的参与,对法庭不存在任何拘束力。

6.鉴定结论

(1)鉴定结论是指鉴定人运用专业知识、专门技术对案件中的专门性问题进行分析、鉴别、判断后作出的结论。其中,鉴定人是指那些接受聘请或指派凭借自己的专门知识对案件中的疑难问题进行科学研究并作出具有法律效力结论的人。在诉讼实务中,鉴定结论根据其鉴定对象的差异,通常有医学鉴定结论、文书鉴定结论、痕迹鉴定结论、事故鉴定结论、产品质量鉴定结论、会计鉴定结论、行为能力鉴定结论等。

鉴定结论的作出,通常应符合以下条件:一是独立性。即鉴定结论必须是鉴定人根据案件的事实材料,严格按照科学技术标准,以自己的专门知识,独立对鉴定对象分析、研究、推论作出的判断,在此过程中,不能受到任何人为因素的干扰和影响。二是结论性。即鉴定结论不仅要求鉴定人叙述根据案件材料所观察到的事实,而且必须对这些事实作出结论性的鉴别和判断。三是范围性。即只限于应查明的案件事实本身,而不直接涉及对案件的有关法律问题作出评价。

(2)在诉讼实务中,鉴定结论通常有两种表现形式。一是书面形式,即以书面文字的方式反映鉴定内容的形式。二是口头形式,即鉴定人用口头向法院提出鉴定意见。这通常适用于比较简单的鉴定。在此情况下,应由书记员记入笔录,并由鉴定人在笔录上签名或盖章。

另外,在诉讼过程中,不论是口头还是书面形式的鉴定结论,如果数个鉴定人的结论互相抵触,或鉴定人未能提出肯定的意见,或者人民法院对鉴定结论有怀疑,只要当事人及其诉讼代理人要求鉴定人对鉴定结论作补充说明或解释,鉴定人就不得拒绝。其所作的说明和解释,还应记入法庭笔录。若无法补充说明或补充鉴定的,人民法院还可以另行指定鉴定人再行鉴定。

7.勘验笔录

(1)所谓勘验笔录,是指人民法院审判人员,在诉讼过程中,为了查明一定的事实,对与案件争议有关的现场、物品或物体亲自进行或指定有关人员进行查验、拍照、测量时所作的实况记录。勘验笔录是一种独立的证据,也是一种固定和保全证据的方法。

(2)勘验笔录制作时应符合以下条件:一是,内容必须保持客观真实、全面。一方面,应如实记载,不扩大、不缩小,不掺入勘验人员的任何主观推测和分析判断;另一方面,勘验物证或者现场,应当制作笔录记录勘验的时间、地点、勘验人、在场人、勘验的经过和结果。若是绘制现场图应当注明绘制的时间、方位、测绘人姓名和身份等内容。二是,文字用语必须确切肯定,不能用“大概”“可能”“较高”等不确定的词句。三是,笔录必须在勘验过程中当场制作。多次勘验的,应每次分别制作笔录。四是,必须完成法定手续。即在勘验物证或者现场时,勘验人员必须出示人民法院的证件,邀请当地基层组织或者当事人所在单位派人参加,当事人或者他们的成年家属应当到场;拒不到场的,不影响勘验的进行。勘验笔录制作完成后,要由勘验人、当事人和被邀请参加的人签名或盖章。

>>证据的学理分类及实务中的意义

上面是关于证据的一般分类,但在实务中,人们注意的往往是证据的学理分类。这种分类能够指导人们如何去收集证据,如何确定证据量及证据间的关系。

(1)直接证据与间接证据。直接证据是指单独就能证明待证事实的证据。如欠款人所写的欠条,债务人在债权人向其出示的“应收账款确认书”上的签章确认、还款协议、收条等。该类证据在债务纠纷中比较多见。债权人在向法院提起诉讼时,无需出示其他证据,仅凭直接证据就能使法院支持自己的主张。

间接证据是指自身无法独立证明待证事实,需要与其他证据一起形成证据链方能证明所待证的主要事实的证据。间接证据在实务中也是比较多见的。在债务纠纷中,比较常见的是侵权纠纷,单独证据无法支持所待证的主要事实。

(2)人证和物证。

(3)原始证据与传来证据。

>>民事诉讼的举证责任

民事诉讼的举证责任,是指当事人应当对自己的主张提出证据加以证明。当事人提不出证据或提出的证据不能证明其主张的,负有举证责任的一方要承担败诉的不利后果。

1.民事诉讼的举证范围

(1)事实证据。是指能够客观反映事件发生的经过,证明当事人之间法律关系发生、变更、消灭的证据。

(2)过错证据。是指能够证明对方当事人在纠纷中存在过错,应当承担民事责任的证据。

(3)主体资格方面的证据。

2.民事诉讼举证责任的倒置

举证责任的倒置一般发生在特殊类型的侵权案件和技术性、专业性较强的民事案件中。这类案件由于客观原因,难以举证,所以由加害方承担举证责任更为适宜。

3.当事人无需举证的特定事实

(1)一方当事人对另一方当事人陈述的案件事实与诉讼请求明确表示承认的。

(2)众所周知的事实和自然规律及定理。

(3)根据法律规定或已知事实,能够推定出另一事实。

(4)已为人民法院发生法律效力的裁判所确定的事实。

(5)已为有效公证书所证明的事实。

4.举证责任的转换

一般而言,当事人对自己主张的事实应当提供证据加以证明。但在实际诉讼过程中,很难确保在诉讼过程中能够向法院提供完整的证据。特别对一些细小的案件,当事人由于不重视,更由于时间过长,往往向法院提供的证据并不能够直接证明其主张的事实。但民事诉讼证据并不要求确定性、唯一性,其只要符合"概然性"的要求,在证据的量与质上能够较另一方为强,则法院就应当支持其诉讼主张。

>>有关诉讼证据的法律规定

《最高人民法院关于适用〈中华人民共和国民事诉讼法〉若干问题的意见》对诉讼证据提出了以下意见:

70.人民法院收集调查证据,应由两人以上共同进行。调查材料要由调查人、被调查人、记录人签名或盖章。

71.对当事人提供的证据,人民法院应当出具收据,注明证据的名称、收到的时间、份数和页数,由审判员或书记员签名或盖章。

72.证据应当在法庭上出示,并经过庭审辩论、质证。依法应当保密的证据,人民法院可视具体情况决定是否在开庭时出示,需要出示的,也不得在公开开庭时出示。

73.依照《民事诉讼法》第六十四条第二款规定,由人民法院负责调查收集的证据包括:

(1)当事人及其诉讼代理人因客观原因不能自行收集的;

(2)人民法院认为需要鉴定、勘验的;

(3)当事人提供的证据互相有矛盾、无法认定的;

(4)人民法院认为应当由自己收集的其他证据。

74.在诉讼中,当事人对自己提出的主张,有责任提供证据。但在

下列侵权诉讼中,对原告提出的侵权事实,被告否认的,由被告负责举证:

(1)因产品制造方法发明专利引起的专利侵权诉讼;

(2)高度危险作业致人损害的侵权诉讼;

(3)因环境污染引起的损害赔偿诉讼;

(4)建筑物或者其他设施以及建筑物上的搁置物、悬挂物发生倒塌、脱落、坠落致人损害的侵权诉讼;

(5)饲养动物致人损害的侵权诉讼;

(6)有关法律规定由被告承担举证责任的。

75.下列事实,当事人无需举证:

(1)一方当事人对另一方当事人陈述的案件事实和提出的诉讼请求,明确表示承认的;

(2)众所周知的事实和自然规律及定理;

(3)根据法律规定或已知事实,能推定出的另一事实;

(4)已为人民法院发生法律效力的裁判所确定的事实;

(5)已为有效公证书所证明的事实。

76.人民法院对当事人一时不能提交证据的,应根据具体情况,指定其在合理期限内提交。当事人在指定期限内提交确有困难的,应在指定期限届满之前,向人民法院申请延期。延长的期限由人民法院决定。

77.依照民事诉讼法第六十五条由有关单位向人民法院提出的证明文书,应由单位负责人签名或盖章,并加盖单位印章。

78.证据材料为复制件,提供人拒不提供原件或原件线索,没有其他材料可以印证,对方当事人又不予承认的,在诉讼中不得作为认定事实的根据。

>>经典案例

2008 年 8 月 9 日,王某向付某借款 2 万元,并写了借据。随后一年,王某并未偿还借款。2009 年 10 月 15 日,付某向王某催还借款时,王某矢口否认。为此双方发生纠纷，付某向人民法院提起诉讼，要求王某偿还借款。法院依法进行了审理，但付某无法提供借款证据，即借据。付某辩称：王某写的借款2万元的借据原件已丢失，但能提供借据的复印件。但王某辩称：付某提供的借据复印件是假的，从笔迹来看，并不是本人所写，故拒绝偿还借款。因付某不能提供有效证据，人民法院最终驳回付某的诉讼请求。

>>律师在线

本案涉及证据材料为复印件的法律问题。

本案中，付某提交的复印件既是书证，又是物证。所谓书证，是指付某以其文字所表述的内容来证明自己提出的事实。所谓物证，是指王某根据复印件的笔迹认定非本人所写，即借据为假。根据《民事诉讼法》第六十八条规定，书证应当提交原件。物证应当提交原物。提交原件或者原物确有困难的，可以提交复制品、照片、副本、节录本。根据最高人民法院《关于适用<中华人民共和国民事诉讼法>若干问题的意见》第七十八条规定，证据材料为复印件，提供人拒不提供原件或原件线索，没有其他材料可以印证，对方当事人又不予承认的，在诉讼中不得作为认定事实的根据。

据此，付某提交的借据复印件在王某不承认的前提下，依法不能作为本案的证据，人民法院最终的判决结果是合法正当的。

第五节 诉讼时效

诉讼时效，一般为大家所忽视。由于当事人不注意诉讼时效，导致由于超过诉讼时效，在起诉至法院时，法院不支持当事人的诉讼请求，从而败诉的情形也不少见。

>>诉讼时效的定义与种类

1.概念

诉讼时效指权利人在法定期间内不行使权利即丧失请求人民法院予以保护的权利。

诉讼时效的法律后果是:

(1)诉讼时效期间起诉,其合法权益受法律保护;

(2)超出诉讼时效起诉,权利人的胜诉权消灭,即丧失了请求人民法院保护的权利;

(3)超过诉讼时效期间,当事人自愿履行的,不受诉讼时效限制。但如实体权利本身已消灭,则义务人可以不当得利为由请求返还。

2.诉讼时效的种类

(1)普通诉讼时效,期间为 2 年。适用于特别诉讼时效和最长诉讼时效之外的任何情形。

(2)特别诉讼时效,期间为 1 年。适用的情形有:身体受到伤害要求赔偿的;出售质量不合格商品未声明的,延付或拒付租金的,寄存财物被丢失或损毁的。

(3)最长诉讼时效,期间为 20 年。

>>诉讼时效的中断

1.诉讼时效中断的概念

诉讼时效中断,是指已开始的诉讼时效因发生法定事由不再进行,并使时效期间重新计算的情况。

2.诉讼时效中断的适用条件

(1)提起诉讼。即权利人依诉讼程序主张权利,请求法院强制义务人履行义务。起诉行为是权利人通过法院向义务人行使权利的方式。故诉讼时效因此而中断,并从法院裁判生效之时重新起算。

(2)一方提出要求。即权利人直接向义务人作出请求履行义务的意思表示。这一行为是权利人在诉讼程序外向义务人行使请求权。改变了不行使请求权的状态,故应中断诉讼时效。

(3)一方同意履行义务。即义务人在诉讼时效进行中直接向权利人作出同意履行义务的意思表示。基于义务人认诺所承担的义务,使双方当事人之间的权利义务关系重新得以明确,诉讼时效自此中断,并即时重新起算。认诺的方式有多种多样,包括部分清偿、请求延期给付、支付利息、提供履行担保等。

>>诉讼时效的中止

1.诉讼时效中止的概念

诉讼时效中止是指在诉讼时效进行期间,因发生法定事由阻碍权利人行使请求权,诉讼依法暂时停止进行,并在法定事由消失之日起继续进行的情况。又称为时效的暂停。对此,我国《民法通则》第一百三十九条予以规定:“在诉讼时效期间的最后6个月内,因不可抗力或者其他障碍不能行使请求权的,诉讼时效中止,诉讼时效从中止时效的原因消除之日起继续计算。”

2.诉讼时效中止的适用条件

(1)诉讼时效的中止必须是因法定事由而发生。这些法定事由包括两大类:一是,不可抗力,如自然灾害、军事行动等,都是当事人无法预见和克服的客观情况;二是,其他阻碍权利人行使请求权的情况。

(2)法定事由发生在诉讼时效期间的最后6个月内,开始产生中止诉讼时效的效力。

(3)诉讼时效中止之前已经经过的期限与中止时效的事由消失之后继续进行的期限合并计算,而中止的时间过程则不计入时效期间。为此,我国《民法通则》把时效中止视为诉讼时效完成的暂时性阻碍。

>>有关诉讼时效的法律规定

《最高人民法院关于适用〈中华人民共和国合同法〉若干问题的解释(一)》对诉讼时效作了如下解释:

第六条　技术合同争议当事人的权利受到侵害的事实发生在合同

法实施之前，自当事人知道或者应当知道其权利受到侵害之日起至合同法实施之日超过一年的，人民法院不予保护；尚未超过一年的，其提起诉讼的时效期间为两年。

第七条　技术进出口合同争议当事人的权利受到侵害的事实发生在合同法实施之前，自当事人知道或者应当知道其权利受到侵害之日起至合同法实施之日超过两年的，人民法院不予保护；尚未超过两年的，其提起诉讼的时效期间为四年。

第八条　合同法第五十五条规定的"一年"、第七十五条和第一百零四条第二款规定的"五年"为不变期间，不适用诉讼中止、中断或者延长的规定。

>>经典案例

2004 年 6 月 30 日，窦某与苗某在当地婚姻登记处办理了结婚登记，结婚后，二人相处融洽，感情较好。这期间，因苗某家庭经济状况不好，窦家经常借款给苗家，并由苗某签写了借据。2012 年 6 月 15 日，窦某与苗某感情出现破裂，苗某提出离婚，虽然双方家人竭力劝阻，但苗某坚持离婚。离婚后，窦某父亲再次找到苗家，要求偿还几年里借给苗家的借款，共计 10 万元。虽然苗家承认五张借据属实，但表示无钱偿还。无奈之下，窦某父亲向法院提起诉讼，并出具了借据。借据总共八张，时间分别为 2005 年 5 月 14 日、2005 年 10 月 12 日、2006 年 4 月 5 日、2006 年 9 月 23 日、2006 年 12 月 4 日、2007 年 4 月 25 日、2007 年 11 月 23 日、2008 年 2 月 10 日，借据上面只写明了借款金额，但并没有写明还款期限。

原告窦某父亲诉称：自 2004 年 6 月 30 日我的儿子与被告的女儿定下婚约后，被告多次向我家借款，因为是儿女亲家，所以我没有犹豫就借了。几年下来，被告已经借了 10 万元，期间一直没有偿还一分。2012 年 6 月，苗某提出离婚，我儿子也表示同意。既然儿女的婚姻关系已经结束，那么，两家也不是亲属关系了，被告没理由欠钱不还。

人民法院依法对案件进行了审理，被告苗某对借款事情表示承认，但认为借款均以超过 4 年的诉讼时效,故法院应判决原告败诉。

对于本案诉讼时效的问题,出现了两种不同的意见。

一种意观认为,对于未约定还款期限的债权,债权人可以随时向债务人主张权利。本案最后一张借据时间为 2008 年 2 月 10 日,至起诉时间 2013 年 6 月 15 日,已经超过四年以上。在债权人不能举证证实自己在诉讼时效内向被告主张债权的情况下,应该认定该笔债权超过诉讼时效,法院应当判决原告败诉。依据最高人民法院《关于债务人在约定的期限届满后未履行债务而出具没有还款日期的欠款条诉讼时效期间应从何时开始计算问题的批复》(1994 年 3 月 26 日)指出:"双方当事人约定,供方交货后,需方立即付款。需方收货后因无款可付,经供方同意写了没有还款日期的欠款条,根据《中华人民共和国民法通则》第一百四十条的规定,对此应认定诉讼时效中断。如果供方在诉讼时效中断后一直未主张权利,诉讼时效期间应从供方收到需方所写欠条之日的第二天开始重新计算。"参照该规定,本案的诉讼时效,应当是从出具借据的第二天开始计算。我国《民法通则》规定普通的诉讼时效为两年,原告起诉早已超过诉讼时效期间,据此,法院应依法驳回原告上诉。

另一种意见认为,苗家借窦家的 10 万元属于借款范畴,而不属于欠款,根据有关法律规定,对于未约定还款期限的借款,债权人在四年内未向债务人主张权利,债务人亦未明确表示不履行还款义务,债权人的实际权利并未受到侵害,因此诉讼时效应当从债权人向债务人主张权利,债务人明确表示拒绝履行义务时开始计算,据此,认定本案并没有超过诉讼时效,法院应当对原告的起诉予以支持,要求被告偿还借款。

法院最终采纳了第二种意见,判决被告支付原告借款 10 万元。

>>律师在线

本案是涉及诉讼时效的法律案件。

诉讼时效是指民事权利受到侵害的权利人在法定的时效期间内不

行使权利，当时效期间届满时，人民法院对权利人的权利不再进行保护的制度。

在我国，诉讼时效分为普通诉讼时效和特别诉讼时效两种。所谓普通诉讼时效，是指由民事基本法统一规定的，普遍适用于法律没有作出特殊诉讼时效规定的各种民事法律关系的时效。除特别法另有规定外，所有的民事法律关系皆适用普通时效。《民法通则》第一百三十五条规定的普通诉讼时效的期间为 2 年。所谓特别诉讼时效，是指由民事基本法或特别法就某些民事法律关系规定的短于或长于普通诉讼时效期间的时效。根据《民法通则》第一百三十六条规定："下列的诉讼时效期间为一年：(一)身体受到伤害要求赔偿的；(二)出售质量不合格的商品未声明的；(三)延付或者拒付租金的；(四)寄存财物被丢失或者损毁的。"上述四种情形属于特别诉讼时效。另根据我国《合同法》第一百二十九条规定，因国际货物买卖合同和技术进出口合同发生纠纷，要求保护权利的诉讼时效期间为 4 年，亦属特别诉讼时效。

依据《民事诉讼法》第一百三十七条规定："诉讼时效期间从知道或者应当知道权利被侵害时起计算。但是，从权利被侵害之日起超过二十年的，人民法院不予保护。"本案关键问题是当事人双方没有约定还款日期，引发争议从何时开始认定侵权的时间。

(1)《合同法》第二百零六条规定："借款人应当按照约定的期限返还借款，对借款期限没有约定或者约定不明确，依照本法第六十一条的规定仍不能确定的，借款人可以随时返还，贷款人可以催告借款人在合理期限内返还。"由此可见，债权人在未明确要求债务人在一定期限内履行义务前，其权利并未受到侵害。只有在该期限届满之日，债务人仍不履行债务的，才构成债务人对债权人权利的侵犯。在本案中，原告从 2005 年起即先后向被告借款，期间一直没有追要，因此该笔借款的履行期限始终处于不确定状态，而原告此时的权利并没有受到侵害，为此，本案中的诉讼时效就不能以出具借据之日起算。

(2)本案中原告是以借据作为主要证据来主张权利向人民法院起

诉的。借据并非欠据。诉讼时效因此不能以出具借据之日起算,而应以借方收到借据的次日起算。上述最高人民法院关于“对出具没有还款日期的欠款条,诉讼时效期间应从供方收到需方所写欠款条之日的第二天开始重新计算”的批复,是以该欠款条作为诉讼时效中断的事由来对待的。再者,《合同法》是1999年颁布的新法,它的效力要高于最高法院的司法解释,因此以该批复来适用本案的观点是不准确的。

(3)我国的《民法通则》及《合同法》都充分强调当事人意思自治原则。在本案中,当事人双方在签写的借据中,既然没有写明具体的偿还期限,那么,债权人也就有权利随时向债务人追偿债权,而债务人也可随时履行义务,债权人选择在几年后才主张权利,并不违反法律禁止性规定,而且法律规定的最长诉讼时效为20年,本案未超过此时间,为此,本案以债务人明确表示拒绝履行义务时,才开始计算本案的诉讼时效,是符合法律规定的。

第六节 你问我答

问:债务纠纷的诉讼时效能中止吗?

答:诉讼时效的中止,是指在诉讼时效期间的最后6个月内,因不可抗力或者其他障碍不能行使请求权,暂时停止计算诉讼时效期间,待阻碍时效的法定事由消除后,继续计算诉讼时效期间。

导致诉讼时效中止的事由必须由民法规定。《民法通则》规定了两种法定事由:①不可抗力。是指“不能预见、不能避免并不能克服的客观情况”,如地震、水灾、战争等。②其他障碍。是指除了不可抗力以外的权利人无法左右的事由。如权利人为无民事行为能力人或者限制民事行为能力人而没有法定代理人或者法定代理人已经死亡或者丧失行为能力;权利人死亡尚未找到继承人:权利人因病或者意外事故而丧失行为能力又没有法定代理人或者其法定代理人丧失行为能力。当然,一般因病住院不能成为诉讼时效中止的法定事由。

《民法通则》还规定,只有在诉讼时效期间的最后 6 个月内存在中止时效的法定事由,才能引起诉讼时效的中止。

问:债务纠纷的诉讼时效能中断吗?

答:所谓诉讼时效中断是指在诉讼时效进行中,由于法定事由的发生阻碍时效的进行,致使以前经过的时效期间归于无效,其诉讼时效期间从中断事由消除后重新计算。诉讼时效中断制度的规定也是为了保障权利人获得一次重新开始的诉讼时效期间,以利于其行使权利。

诉讼时效中断的法定事由由《民法通则》明确规定,包括以下三个事由:①提起诉讼,这是指权利人向人民法院提起诉讼而致使诉讼时效中断。因为权利人向人民法院提起诉讼本身就表明自己积极地行使了权利,打破了权利人不行使权利的事实状态,从而产生了诉讼时效中断的法律后果。②权利人提出要求。这是指权利人向义务人直接提出请求履行义务的要求而致使诉讼时效中断。在这种情况下,权利人通过向义务人请求履行义务的行为,改变了不行使权利的事实状态,所以导致诉讼时效的中断。③义务人同意履行义务。这是指义务人向权利人表示愿意履行义务而诉讼时效中断。因为在这种情况下,双方当事人之间的权利义务关系重新明确和稳定,诉讼时效存在的前提条件已经消失,所以导致诉讼时效的中断。

问:收集证据时,需要注意什么问题?

答:根据《民事诉讼法》及《最高人民法院关于民事诉讼证据的若干规定》,在民事诉讼中,当事人提供证据应当注意以下问题:

(1)收集证据应迅速及时,以免时过境迁导致证据灭失。

(2)当事人所收集的证据,必须与案件事实有内在联系,而且应客观真实,以使收集的证据能起到证明的效力。

(3)当事人所收集的证据的途径、方式、方法等必须合乎法律的要求。以损害他人合法权益或违反法律禁止性规定的方法取得的证据,不能作为认定案件事实的依据。不能伪造证据和篡改证据。

(4)当事人在收集书证、物证时应尽量收集原件、原物;收集原件、原物确实有困难的,再收集复印件、照片、副本、节录和复制品。

(5)当事人可以自行收集证据,也可以委托律师或其他诉讼代理人进行证据的收集工作。

问:复印件可否作为证据使用?

答:《民事诉讼法》第六十八条规定,书证应当提交原件,物件应当提交原物。依照上述法律规定,在民事诉讼中只有提交原件,才能作为定案的依据。《最高人民法院关于适用<中华人民共和国民事诉讼法>若干问题的意见》中明确规定:“证据材料为复印件,提供人拒不提供原件或原件线索,没有其他材料可以印证,对方当事人又不予承认的,在诉讼中不得作为认定事实的根据。”这是因为,原件的证明力最强,被改造或伪造的可能性也最小。因此,当事人举证,最好提供原件。

问:偷拍、偷录的视听资料能否作为证据使用?

答:我国法律对于证据的要求不仅要求证据本身合法,而且还要求取得证据的途径也必须合法。非法证据不能作为定案的依据。但是,对于偷拍、偷录的视听资料,是否属于非法证据,不能一概而论。如果这些证据是采用法律所禁止的手段窃听、偷照或者以侵犯他人隐私权的手段获得的,就属于非法证据。未经他人同意而录音录像获得的证据,只能是在没有侵害他人合法权益或者没有违反法律的条件下,才能被作为证据采纳。另外,视听资料作为证据也只能与其他证据配合来使用,不能独立作为定案的证据。

问:买卖合同纠纷案件举证包括哪些证据?

答:1.证明当事人(原告、被告或第三人)诉讼主体资格的证据

①身份为自然人的当事人,应当提交身份证、户口本或暂住证等能够证明个人身份的证件;②身份为法人或者其他经济组织的当事人,应提交工商营业执照副本、工商登记机关出具的工商注册资料、社团法人登记证等主体登记资料;③当事人在诉讼争议的法律事实发生后,如发

生变更名称或企业合并、分立的情况,需要提交变更登记资料。

2.证明买卖合同关系及从属的担保合同关系成立的证据

①买卖合同;②订(定)货单;③证明邀约、承诺生效的信函、数据电文(包括电子邮件、传真、电传、电报或电子数据交换等);④证人证言、实际履行凭证等证明口头合同成立和生效的证据;⑤保证合同、抵押合同、定金合同、质押合同或交付定金的凭证、保函等能够证明担保合同关系的证据。

3.证明合同履行情况的证据

①交货单、收货单、送货单等收货凭证;②收据、银行付款凭证、发票等货款收支凭证;③结算清单、欠条、还款计划、还款承诺书等证明拖欠货款的证据;④收货方提出质量异议的信函、证人证言、有关单位的证明、检验报告、客户投诉、退货和索偿的证据;⑤合同约定向第三人履行或第三人履行的,则提交第三人关于合同履行情况的证明及相应凭证。

4.当事人诉讼请求的计算清单,并注明计算方法、公式、依据等。

问:当事人借款未约定还款期限的,存在诉讼时效问题吗?

答:根据《最高人民法院关于贯彻执行<中华人民共和国民法通则>若干问题的意见(试行)》第一百二十一条的规定:“公民之间的借贷,双方对返还期限有约定的,一般应按约定处理;没有约定的,出借人随时可以请求返还,借方应当根据出借人的请求及时返还;暂时无力返还,可以根据实际情况责令其分期返还。”

当事人之间的借款未约定还款期限,债权人可以随时向债务人请求还款。对这种未约定履行期的请求权的诉讼时效期间自何时起算存在两种意见。第一种意见,从债权成立之日起算。就自然人之间借款合同而言,债权人请求权的诉讼时效期间应当自借款交付之日起算;第二种意见,自债权人请求而债务人拒绝履行之日起算。就未定履行期的借款合同而言,债权人请求权的诉讼时效期间应当自债权人第一次提出还款请求而债务人拒绝之日起算。鉴于我国法律规定的诉讼时效期间普遍较短,不利于保护债权人的利益,通说主张对于未约定履行期的债权请求权的诉讼时效期间应当自债权人第一次向债务人提出履行请求而债务人拒绝之日起算。

借条未载明还款期限就不存在诉讼时效问题的说法不准确。只要是债权请求权就存在诉讼时效问题,关键看诉讼时效期间自何时起算。